乱世を生きる
市場原理は嘘かもしれない

橋本 治
Hashimoto Osamu

a pilot of wisdom

目次

第二章　たった一つの価値観に抗する

1　隠されたトリック

2　「勝ち組」という基準を持ち出した人達

3　たった一つの方向性

ち組」の扱われ方／「勝ち組」にとっては、独裁者になることより「勝ち組」であり続ける方が難しい／「勝ち組」のいる世界には、たった一つの方向性しかない

第三章　悲しき経済

1　経済とはなにか

「経済」とはなにか／「経済」とは、ただ「循環すること」である／ヴァレンタインデーの経済／創成期における日本のヴァレンタインデー／経済と「人間的な実質」について／再び、経済と「人間的な実質」について／人間的である経済／日本人にとっての「経済」

2　誰かが考えてくれる経済

経済が「難しいもの」になってしまう理由／「経世済民」を背景にする、日本の「経済」の特殊性／「自分の立場で考えられる経済」というものは、日本にはない／国家が指導する経済と、国家が協力する経済／この人達が「経済」を難しくする／誰が「日本経済」をよくして、発展させていたのか？／しかし、「経済」の質は変わってしまった／「経世済民」は、支配者のする

ことである／経済対策とは「まず大きなものを堅固にする」だった／たとえば、日本の自動車産業／一線を超えてしまった日本／官はバブルを主導する／「豊かさ」は、前提となる常識を覆した

3　スーパーマーケットと日本経済

「勝ち組」はフロンティアからしか来ない／スーパーマーケットを成立させなかった「日本経済」／スーパーマーケットとフロンティア／スーパーマーケットの変質／デパートの文化とスーパーマーケットの文化／激震にさらされる「生活文化の一般性」／スーパーマーケットの破綻／コンビニの登場／容量を超えた経済

4　世界の容量

日本のあり方は世界のあり方／勝者日本の獲得した「フロンティア」とは――／世界はそのように閉じていた／「欲望」という名のフロンティア／経済の根本は変わった／投資に怯えた日本人／日本人の投資は「土地を買う」が第一だった／閉じた地球の中で、金だけが動き回る／世界が欲望を動かしている／「世界の四分の三」でも満杯だったものが――

第四章　どう生きてったらいいんだろう？

1　なんにも出来ない構造

世界経済を動かしている投資家について／世界で一番古い職業／国家は昔から「国家」だな……／あなただって「投資家」かもしれない／投資をするつもりはなくても、投資に参加はさせられている／分かったようでよく分からない話／経済は「ただ流れていること」だから――／経済とは、実体があるんだかないんだかよく分からないものである／それで我々は「欲望が世界に動かされている」を野放しにする／なんにも出来ない構造

2　どう生きてったらいいんだろう？

「なんにも出来ない構造」はあるにして――／論理が逆転した現実／論理が逆転してしまった「その後」でも、現実はやっぱりまだ続いている／話はなぜ簡単にならないのか／弁証法だぜ人生は／だから、「元に戻す」は単純ではない／「昔はよかった」ではなくて／それは「こういう戻り方」である

3　たとえば「我慢」について

答はもう出ているのかもしれない／「我慢」とは、現状に抗する力である／

はじめに

この本は、『「わからない」という方法』『上司は思いつきでものを言う』に続く、私にとっては三冊目の集英社新書です。おそらくは、前記の二冊に続く、三部作の完結篇に当たります。「おそらくは」などと曖昧な言い方をするのは、これが一体「なんの三部作」かということが、書き手の私によく分かっていないからです。

私にとっての「四冊目の集英社新書」が存在するとしたら、以前のものとはまったく違ったものになるだろうということは、はっきりしています。しかし、「三冊目」であるこの本は、前記の二冊に続くものです。このこともはっきりしていて、だからこそ「三部作の完結篇」などと言うのですが、「なんの三部作」かはよく分かりません。もちろん、三冊目である本書のテーマがなんなのかということも、まだよく分かってはいません。分からずに書き出していますす。なんとも頼りのないことですが、なんでそんなことになってしまうのかというと、もしかしたら、その「テーマがはっきりしない」あるいは「今の社会はテーマをはっきりさせてくれない」ということ自体が、この三部作の基本テーマであり、完結篇であるこの本のテーマでもあろうかと、私が思っているからです。

私は、「今の日本の社会のあり方はおかしい」と思っています。「三部作」と言うのは、ここまでの集英社新書の二冊が、「今の日本の社会のあり方はおかしい」と思う私の考え方からストレートに出ている本だからです。しかし、「今の日本の社会のあり方」は、本当に「おかしい」のか？　ややこしくなって来るのは、ここからです。

私は、「今の日本の社会のあり方はおかしい」と思っていますが、これは本当に正しい認識なんでしょうか？　もしかしたら、私がなんらかの欲求不満状態に陥っていて、その結果、八つ当たり的に「今の日本の社会のあり方はおかしい」と言っているだけなのかもしれません。そういう可能性はあります。「今の日本の社会のあり方はおかしい」という言い方をする人は、ずっと以前から当たり前にいて、自分の欲求不満を「社会のあり方」にスライドさせて文句を言うやり方は、珍しいことでもなんでもありません。もちろん、「そういう人間が本なんか書いてもいいのか」という話もありますが、もしかしたら、今の日本の社会には、そういうモラルだってないかもしれません。「今の日本の社会のあり方はおかしい」と思う私のあり方は、本当に正しいのかどうか？――そんなことを考えさせてしまうのもまた、「今の日本の社会のあり方はおかしい」の一つです。

たとえば、今の日本の社会には「勝ち組・負け組」という二分法があります。もしも、この私が「勝ち組」に属する人間なら、「今の日本の社会のあり方はおかしい」と言っても、これは「改革への提言」になりえます――これをストレートに「改革への提言」などというと、なんとなく胡散臭《うさん》いものになりますから、「なりえます」と微妙な表現をしますが。

もしも、この私が「勝ち組でも負け組でもない」というところに属する人間なら、「今の日本の社会のあり方はおかしい」という発言は、ニュートラルな提言にもなりましょう。しかし、これでこの私が「負け組」に属する人間になると、話は変わります。私が「負け組」に属する人間なら、「今の日本の社会のあり方はおかしい」という発言は、もうストレートに「社会のあり方から取り残された人間のひがみ」になるからです。いささか極端かもしれませんが、今の日本の社会は、そのようなジャッジの仕方をします。「勝ち組・負け組」という考え方は、もう当たり前に定着してしまって、今の日本人はこれになんらかの影響を受けています。だから「〝今の日本の社会のあり方はおかしい〟と思う自分の認識は、本当に正しいのか？」という疑問だって登場してしまうのです。一体この私は、「勝ち組」なのか、「負け組」なのか、それとも、運よく「どちらにも属さないニュートラルな立場」なのか？ それをはっきりさせないと、私の言うことはすべて、「〝時代からはずれた人間のひがみ〟であることを理解しない人間の言うこと」になってしまいかねないのです。

では私は、どこに属するのでしょう？ 残念ながら私は、「負け組」に属する人間です。その最大の根拠は、私が今時「本を書く、原稿を書く」ということを職業にしていることです。

これは今時、儲かる職業じゃありません。出版は、とうの昔に「斜陽産業」です。しかも、そういうところに属していながら、私は結構な借金を背負っています。その返済をしながら「生活を成り立たせる」というのは、楽じゃありません。「メチャクチャ働いて、個人消費なんかとは無縁のところでギリギリの生活をする」にしかなりません。「勝ち組」とは遠い「負け組」のあり方です。価値観自体が古く、それに甘んじているところは、まさに「負け組」です。しかもこの私は、コンピューターの類を使いません。原稿は全部手書きです。当人は「使わない」と言っていますが、その結果「コンピューターの類の扱い方がまったく分からない」になっています。これじゃどうあっても、「今時コンピューターの操作も出来ず、時代遅れの原稿書きに日々を送っている」で、あり方としては「負け組」以外のなにものでもありません。出版は斜陽産業で、「本、あるいは活字文化に未来はあるのか？」ということになると、「ないかもしれない」と思います。そう思いながら「昔ながら」のあり方を続けていて、先細りは確実の未来に対して、積極的な展望を打ち出そうともしません。「本というものはかくあってしかるべきものだ」という、昔ながらの考えにしがみついています。「未来がない」という状況に目をつぶって現状にしがみついているだけの頑固者ですから、十分に「負け組」の有資格者です。だから、こんな私の言う「今の日本の社会のあり方はおかしい」は、十分に「勝ち組になれない者の欲求不満」で、「負け組のひがみ」になったりもするのです。

もちろん、この私は「勝ち組・負け組」などという考え方をしていません。していないので、自分の現状にはさしたる不満を持ってはいません。でも、その「自分」から一歩でも出て「社会に向かってものを言う」になると、一挙に「負け組の欲求不満」と位置付けられてしまうのです——その可能性は十分すぎるほどあって、私が「今の日本の社会のあり方はおかしい」と思うのも、「勝ち組・負け組」の二分法があるという、その点にあるのです。

だから私は、「そんな二分法があるのはおかしい」と思います。しかし、それを言うことも、「負け組のひがみ」かもしれません。そんな風に考え始めると、なにも言えなくなってしまいます。私のスタート地点は、「なにを言っても〝負け組のお前の言うことには意味がない〟とジャッジされかねないところ」です。こんなところからスタートしてなにかを言おうとしても、「どうすりゃいいんだ?」にしかなりません。「この本のテーマがなんなのかは、今のところよく分からない。だから、この三部作のテーマも分からない」と言うのは、そのためです。なにしろ、言おうとしても言いようがないのです。

「勝ち組・負け組」というのは、結果論です。「結果」にすべてが委ねられていて、しかも、未来予測のシミュレイションは、「勝ち組」に属する者だけに許された権利になっています。「負け組の言うことに耳を傾けたって仕方がない」というドライな割り切り方が肯定されて、「負け組のシミュレイション」は聞く耳を持ってもらえないのです。

「勝ち組・負け組」は、もちろん経済的な勝敗によるもので、「富めた者が勝ち、富めなかった者が負け」というジャッジです。つまりは、「貧富の差」を肯定します。そして、この私だって、「貧富の差なんかあったっていい、貧富の差があることは、不思議でも不合理でもない」と考えています。どうしてかと言えば、この世には昔から、「不必要な富を望まない」という選択肢だってあるからです。だから、「勝ち組・負け組」という考え方が、「富めた者が富めなかった者を嘲笑う」だけなら、なんでもありません。「そういう考え方もあるのか」と思うだけです。しかし、「勝ち組・負け組」という考え方は、「思考の平等」という大原則を侵してしまうのです。なにしろ、「負け組の言うことには耳を傾けてもらえない」です。「勝ち組」と「負け組」とでは、その思考のスタート地点で、既にハンディがあるのです。由々しいと言うのはこのことで、これが現在の日本社会にひたひたと押し寄せている厄介な「現状」なのです。私はそれに危機感を抱いて、「こんなメチャクチャなことがあってもいいものか」と思うので、「なにを書こうとするのか実はよく分からないんだけど」と思いながらも、三部作の完結篇をスタートさせてしまうわけです。

第一章　乱世と勝ち組

1　「勝ち組・負け組」の原理

「勝ち組・負け組」という二分法

「勝ち組・負け組」という言葉は、「第二次世界大戦後の一時期、南米に移民していた日系の人達の中に、〝日本は戦争に負けていない、勝ったのだ〟と信じ込んだ不思議な人達がいた」というところから出ています。つまり、「勝ち組・負け組」の本来は、「〝負け〟を認めない事実誤認派」と「〝負け〟を認めた事実認識派」の二つで、そんな錯綜でもなければ「勝ち・負け」などという単純にして残酷な二分法は意味をなさないのです。まァそんな本来に溯《さかのぼ》れば、真実の奥深さがジワリと迫っては来ますが、今の日本の「勝ち組・負け組」は、そういう色彩を排除しています。ある種の「ややこしさ」と、「富めた者が勝ち、富めなかった者が負け」という、経済的な勝敗結果だけがあるのです。

「ややこしさ」とはなにか？　それは、この新しい二分法が「勝敗の結果」に拠っていることです。

今の「勝ち組・負け組」は、「結果」です。だから、「富める者が勝ち、貧しい者が負け」という、単純な「貧富の差」を表すものではありません。まだ十分に豊かな現在があったとしても、「経済競争に敗れた」とされれば、「負け組」です。まだそんなに豊かではなくても、「経済競争に勝った」とされれば、「勝ち組」です。そういう「時間の流れ」を前提にしているので、「勝ち組・負け組」の二分法は、「その先」という未来にまで及んで来ます。つまり、「勝ち組には未来があり、負け組には未来がない」です。「勝ち・負け」の結果は、そのように「未来に関する指標」ともなって、これが、「勝ち組・負け組」という単純な割り切り方を「ややこしいもの」に変えるのです。

経済競争の結果、その競争に勝ちえた者は「未来への展望がある＝勝ち組」とされ、敗れた者は「未来への展望がない」とか「甘かった」ということで「負け組」になる――そういう二分法が、「バブルがはじけた後」の二十世紀末の日本に登場して定着したのです。

その二分法はなぜ生まれたか

「勝ち組・負け組」という二分法が登場したのは、その必要があったからです。

二十世紀末の日本は、壊滅してしまったバブル経済の「その後」という経済的低迷状態にあって、そこからの脱却が出来ていなかった。「脱却しなければならない」という方向性はあっても、「このままでもなんとかなるんじゃないか」という従来通りの思い込みはまだ強かった。

しかし、「このまま」でよければ、不況は回復されない。そして、「このままでいい」にしてしまえば、「バブル経済になり、そして破綻した」というそれ以前の事実――その傷の重みもどこかへ行ってしまう。だから、「このままでいい」と思う人はそんなにもいなくて、しかし「どうしたらいいか分からない」という方向性のなさが、「他に策はないから今までのまま」を野放しにしていた。企業経営の当事者がそう考えていれば、外からなにを言ってもどうにもならない。だから、沈没する者はひそかに沈没を続け、「今まで通りとは違う方法」を考えてそれなりの成果を出せるようになった者は、頭角を現す。一九九〇年代の終わり頃にはその結果がジワジワと現れて、「勝ち組・負け組」という指標も定着してしまうのです。

「勝ち組・負け組」の二分法は、「バブル経済壊滅以後の変革の必要」を中心軸とする指標でもあって、だからこそ「勝ち組・負け組」の区分は、「未来への展望があるか、ないか」という判断とも重なるのです。

では、この指標はどこから出たのでしょう？　「私は勝ち組だ」と言う勝ち組の人はいません。「私は負け組だ」と言う負け組の人も、あまりいません。「あの人は勝ち組だ、あそこは勝ち組だ」とか、「あの人は負け組だ、あそこは負け組だ」と言うのは、「勝ち・負け」を言われる競争の当事者の外側にいる人達です。その「外側にいる人達」が「どういう人達」であるのかは後回しにして、今のところ重要なのは、「勝ち組・負け組」という俗っぽい二分法が、かなり複雑な内実を持った「ジャッジする言葉」になっているということです。

その二分法の残酷さ

二十世紀末の日本に登場してしまった「勝ち組・負け組」の二分法は、かなり複雑な内実を持っています。単純な二分法のくせに、複雑です。だから、「自分で自分のことを〝勝ち組〟と言う人はいない」という一項も生まれます。どうしてか？

一度「勝ち組」になったとしても、経済競争自体はまだ続いています。だから、一度「勝ち組」になったとしても、その後の経済競争で敗者になってしまう可能性は十分に残されています。であればこそ、「私は勝ち組だ」などとは言えないのです。それを言ったら、「まだ更に続く先の未来」を考慮に入れていない、展望の甘い愚か者になってしまいます。そんな人がどうして「勝ち組」でしょう。「勝ち組」になった者には、永遠に「勝ち組」であり続けなければならない困難が課されて、「私は勝ち組だ」という自賛も禁じられます。そういう〝縛り〟があって、だからこそ「勝ち組」は、「自分で〝勝ち組だ〟などとは言わない謙虚さ、あるいは品のある知性を持っている」と思われたりもするのです。単純な「勝ち負け」は、「品位ある知性の有無」という複雑さにも転化するのです。

誤解なさらぬように、私は別に「勝ち組の条件」を説いているわけでもなく、「勝ち組はこのように優れている」と言っているわけでもありません。私はただ、「勝ち組」というジャッジの中には、そのような「思い込み」が多分に含まれていると言っているだけです。

一方の「負け組」です。「負け組」とジャッジされた人間、あるいは「負け組」とジャッジされかねない人間が、「私は負け組だ」と言っても、これは「負けを認める知性」にはなりません。そんなものは、「勝ち組・負け組」の二分法の中で、「知性」とは見做《みな》されないのです。どうしてかと言うと、この二分法の中心にあるのは「未来への展望」で、「自分の負けを認める知性」なんかは、あったとしても「知性」としてはカウントされないのです。それは、「自分の負けを認める程度の知性はあっても、未来を切り開く能力はなかった」ということになって、「であればこそ負け組には、未来への展望がなく、知性もない」とジャッジされるのです。つまりは、「負け組＝バカ」です。

誤解をなさらぬように、私は別に「負け組にならないための心得」を説いているわけではなく、「負け組はバカだ」と言っているわけでもありません。ただ「勝ち組・負け組というジャッジは、そのように残酷なものだ」と言っているだけです。時代は「変革」を必要としていて、その必要に対してどのような対応もない者もいて、それを「愚か＝負け組」とジャッジする――そのジャッジが、いつの間にか日本に定着してしまったと言っているだけです。

単純な二分法は、ややこしくねじれる

「勝ち組・負け組」という指標は、とても分かりやすい指標です。「勝った・負けた」だけです。そして、この明快なる単純さは、そこにある「複雑なディテール」をたやすく隠してしまいます。「勝った」は、イコール「頭がいい、状況認識に優れている」で、「負けた」は、イコール「頭が悪い、状況認識が古臭い」であり、「自分の負けを認めることなんか知性の業《わざ》ではない」です。「勝ち組・負け組」というジャッジが、「頭がいい＝知性がある」ということを、かなり限定的に使っているのはお分かりでしょう。だから、この言葉は必然的に、「未来のあり方」をかなり限定します。未来の選択が、「経済競争の勝者になる」という一面に限られてしまっているからです。

「知性がなければ勝者にはなれない」で、この知性は、ただ「経済競争の勝者になる」というところに限定されます。つまりは、「金を捕まえたやつは頭がいい」です——そういうところへ行ってしまいます。その単純さがこの二分法の身上《しんじょう》ではあるのですが、この二分法は、単純さへ行き着く前に「知性」という回路を通ります。だから、その回路を通る間に「知性のあり方」をグチャグチャにしてしまうという、そんな危険性も持ち合わせているのです。

「経済競争に勝った」なのですから、これが「貧富の差」という表れ方をするのは当然でしょう。ところが「勝ち組・負け組」は、その実「未来に関する展望があった賢者か否か」という

ジャッジでもあるのです。「負け組＝愚か者」なのですから、「経済競争には勝ったが、他のところでは愚かでもあるのだから、お前は負け組だ」というねじれ方もします。端的な例が、「勝ち組女・負け組女」というものでしょう。

「勝ち組女」と「負け組女」

「キャリアがあり、高収入も確保していて、自由もある。しかし、結婚が出来なくて、子供がいない」——こういう女性を「負け犬」と言う風潮も生まれました。「勝ち組・負け組」の別展開です。そうなると、「自分の収入はなくても、結婚して専業主婦になり、子供もいる女」は、「勝ち犬＝勝ち組」です。貧しくても「勝ち組」ですが、もちろん時代は、「貧しくても一家が幸福ならそれでいい」というような穏やかな落ち着き方を許しません。これはすぐに別の展開をして、「結婚していて、夫は高収入で、自分自身は自由を謳歌出来ていて、子供もいて、その子はとても優れた子供で、結構年齢も上なのだけれど、まだまだ若くて美しい——そういう〝妻〟になっている女」を、「勝ち組中の勝ち組＝勝ち組」にしてしまいます。そうでないと、納得しません。誰が納得しないのかというと、「勝ち組・負け組」という指標の意味を信じる人達です。なにしろ、「勝ち組・負け組」は、「経済競争の勝者か否か」というところから出ているジャッジなのですから、「勝ち組」に「金がある」という条件は欠かせないでしょう。

そして、「〝金がある〟だけでは十全たる幸福の条件になりえない」ということも分かっているので、いろいろな要素がくっついてしまうのです。

なんとまァ贅沢でメチャクチャな展開だと思っても、そんな批判は通りません。というのは、「経済競争の勝者か否か」というジャッジには、「未来に対する知性の有無」という基準もあるからです。つまり、そのメチャクチャなジャッジは、「そういう結果を得た女性は勝ち組で、なぜそういう結果を得られたのかと言えば、彼女にその未来を得られるだけの知性があって、知性があればこその勝ち組だ」という収まり方をしてしまうからです。「なんでそんなにメチャクチャなんだ?」と抗議の声を上げても後の祭りで、このそもそもは、「勝ち組」というものを、「〝経済的成功を収めている=頭がいい〟という事実を、結果的に獲得してしまった者」と規定することから始まっているからです。

「基準が一面的であり、しかもそれは自由に展開しうる」が許されると、こういうことになります。許されて、「勝ち組」と言われる本来的な規定から離れすぎてしまうと、これには改めて「セレブ」というカテゴリーが与えられます。「セレブ」になってしまうと、これは「もうお前とは関係ない別世界の住人」ということになってしまいます。つまり、「勝ち組=お前とは関係ない別世界の存在」で、これに対する「お前」はイコール「バカ」です。そういう素晴らしい展開になって、「そういう前提の中で、バカ=負け組になりたくなかったら、あなたは勝ち組を崇めるしかないのです」という落ち着き方をすることになるわけです。

なんだかアホらしい結果ですが、「勝ち組」という規定を勝手に暴走させると、そういうことになります。暴走した現実につきあっていても得るものはなにもないので、話は元に戻ります。つまり、「なぜ〝勝ち組・負け組〟などという二分法が登場しえて、それを持ち出したのは誰か」というところです。

「勝ち組」信仰の背景

なぜ「勝ち組・負け組」などという二分法が登場したのか？　そして、その二分法はなぜ、「知性のあり方」というような位置付けられ方をしたのか？――つまりは、バブル経済壊滅後の日本に、「どうしたらいいか分からない」という状態があったからです。

その悲惨な状態の中で、「なんとかなった、なんとかした」を実現してしまったからこその「勝ち組」です。「勝ち組」が登場するためには、「〝どうしたらいいか分からない〟という状態があった」という条件がなければなりません。それこそが、「勝ち組・負け組」という二分法を登場させた最大の要因です。

一体、なぜそんな状態が生まれてしまったのか？　それを解明するとなると、「〝どうしたらいいか分からない状態〟に至るまでの困難」の数々を分析しなければなりません。膨大で細かいデータを集めて、その一々をきちんと分析することが必要です。とても面倒で、その面倒ゆえに、データの分析結果だって、「ほんとにこれで正しいの？」という検討を要するようなものになります。「面倒な分析の結果をもう一度分析する」という面倒な手続きが必要になって、つまりは、「面倒な分析をしたってたいした結果は得られない」になります。だから私は、そんな面倒なことを考えずに、違う方向から考えます。つまり、「一挙に〝どうしたらいいか分からない〟などというとんでもない状態になってしまったのなら、その以前は、〝どうすればいいか〟が明確だったはずだ」と考えるのです。

私の『「わからない」という方法』には、こんな一節があります——。

二十世紀は、「わかる」が当然の時代だった。自分はわからなくても、どこかに「正解」はある——人はそのように思っていた。既にその「正解」はどこかにあるのだから、恥ずかしいのだとしたら、その「正解」を知らないでいることが恥ずかしいのであり、「正解」が存在することを知らないでいることが恥ずかしかったのである。だから、人は競って大学へ行ったし、子供達を競わせて大学に行かせた。ビジネスの理論書を必死になって読み漁《あさ》ったし、誰よりも早く「先端の理論」を知りたがった。それをすることと、現実に生きる自分達が知らないままでいる「正解」を手に入れることとは、イコールだと思っていたのである。

あるいはまた——。

二十世紀は、イデオロギーの時代であり、進歩を前提とする理論の時代だった。「その〝正解である理論〟をマスターしてきちんと実践できたら、すべてはうまく行く」——そういう思い込みが、世界全体に広がっていた。そういう状況の中では、「自分の現実をなんとかしてくれる〝正解〟はどこかにある」という考え方もたやすく生まれるだろう。その人達は学習好きになって、次から次へと「理論」を漁る。一つの理論がだめになったら、もう一つ別のナントカ理論へと走る。思想さえもが流行になったら、その後では、「流行」さえもが思想である。「それを知らなかったら、時代からおいてきぼりを食らわされる」——そういう不安感の下では、流行もたやすく思想になり、であればこそ、二十世紀末には、わけのわからない「宗教もどき」がさまざまな事件を引き起こしもした。

「理論の合理性を求めて、どうして人は宗教という超理論へ走ってしまうのか？」——二十世紀末の「宗教もどき」が引き起こした惨劇に対して、多くの人達はこのように首をひねった。しかし、その求められた「理論」が、「なんでも解決してくれる万能の正解」と一つだったとしたら、この矛盾はたやすく解決されるだろう。「なんでも解決してくれる万能の正解」は幻想であり、これはそもそも宗教的なものだからだ。

二十世紀を「そういう時代だった」と考えると、「バブルがはじけた」の後に「どうしたらいいいか分からない状態」が出現することは、簡単に説明出来ます。「有効な理論」が存在する時代が終わってしまったのです。終わったからこそ、「バブル経済」と名づけられる混沌が訪れる。訪れたのが「混沌」だったからこそ、その混沌を成り立たせる力がなくなった時——つまり「バブルがはじけた」と言われるようになった時、「どうしたらいいか分からない」という状態は、当たり前のように広がるのです。

「勝ち組・負け組」という二分法は、そこに登場します。つまり、「従うべき理論が存在しなくなって、どう生きて行けばいいのかが分からなくなった日本人は、〝勝ったか、負けたか〟の結果で判断するしかなくなった」です。

2 「乱世」を考える

「バブル壊滅後」は乱世である

「バブルがはじけた」と言われた後の時代は、乱世です。なにしろ、「どうしたらいいかが分からない」なんですから。先に掲げた『「わからない」という方法』の部分も、一時は大学入試の現代国語の問題文として使われて、受験用の問題集に採録されたりもしました。その数は結構多くて、私は、「〝もうこういう時代なんだから、自分の頭でものを考えなさい〟と、大学の先生が受験生達に言いたがっているのかな?」なんてことを考えました。そうはずれてはいないだろうと思います。「こうすればいい」と教える、単純で全国一律の指導法や、一律の価値観が崩れて機能しなくなってしまった。つまりは、知的な「乱世」です。だから、戦国時代と同じで、あちこちに「勝ち組」が登場し、そこに「未来を見る能力がある=頭がいい」という信仰も重なります。現在の日本は、そのような「価値体系の揺らぎ」に端を発する、知的な乱世なのです。

しかし、日本の戦国時代はややこしい

「戦国時代」というと、話は俄然分かりやすくなります。群雄割拠で、全国のあちこちに戦国大名が登場した――そのように「勝ち組」もあちこちに登場して、熾烈な戦いを繰り広げているというわけです。もちろん、こういう比喩は分かりやすくて簡単なのですが、しかし、「比喩を持ち出す」というのは、時としてとんでもない間違いを生み出します。比喩を持ち出す時に重要な、「どこが同じでどこが違うか」という「比喩を成り立たせるキイポイント」が、人によって違う場合があるからです。だから、「比喩を持ち出して話は分かりやすくなるが、分かりやすいだけで内容のない話になる」ということもありますし、「比喩を持ち出して、話がとんでもない方向に行ってしまう」ということだって起こります。おそらく、私の話は後者でしょう。

たとえばの話、中国にも戦国時代はあります。中国の戦国時代はダイナミックです。まだ統一王朝がなくて、「どの国の王が中原《ちゅうげん》の覇者となるか」という競い方をするのが、最初の統一王朝・秦を生み出す前の、中国の戦国時代です。ここの話は単純です。「一番強い者が勝ち」で、「一番最初に天下を平定した者が覇者」です。しかし、日本の戦国時代は違います。十五世紀の日本に生まれる戦国時代は、もう統一的な行政機関だった室町幕府があった時代のものなのです。室町幕府の力が弱まって、全国各地に群雄割拠が起こります。「既にもう中央の統

一政府はあった」——これが、日本と中国の戦国時代の違いで、日本の「バブル壊滅後の乱世」は、中国のではない、「日本の戦国時代」と似ているのです。

なんでこんなことを言うのかは、もうお分かりでしょう。バブルが壊滅してしまった日本は、既に高度な資本主義体制を確立していた国だったからです。

だから、バブルがはじけて経済的な低迷状態が訪れても、「このままでなんとかなるんじゃないか」という思考放棄が訪れるのです。「このままでいいわけではないが、しかし、どうしたらいいか分からない」——そう思う人達は、既に十分安定していた「大企業の経営者」だったのです。つまり、バブル経済に蝕まれて「不良債権」というものを作り出してしまった大企業の経営者達は、「室町幕府に連なる守護大名」のようなものだったのです。

室町幕府は衰弱し、それに連なる守護大名の力も衰弱する。そして、守護大名に代わる新しい「戦国大名」という勢力が登場する——斎藤道三とか上杉謙信、武田信玄、織田信長というお馴染みの人物達が活躍する「本格的な戦国時代」になるのは、この段階なのです。「展望のない現状の中から未来を開いた」とされる「勝ち組」は、その「戦国時代後半」の主役となる戦国大名ではありますが、「展望のない現状の中で相変わらずの状態を演じていた」とされる「負け組」は、室町幕府の衰弱と共に消えて行く「戦国時代前半」の主役である守護大名なのです。

だからなんなのか？　「勝ち組・負け組」という二分法の登場は、「守護大名と戦国大名の交替」に該当するもので、これは一般的に思われている「戦国時代」の前半部分に当たるのだということです。話が「そう簡単ではない」ということはもうお分かりになったと思いますが、今の日本の「乱世」とは、そのようにややこしい「日本の戦国時代みたい」なのです。

話を更にややこしくするもう一つの要素

「戦国時代」というのは、「室町時代の後半」です。「室町時代の後半」が、更に「戦国時代の前半」と「戦国時代の後半」に分かれるのです。戦国時代と室町時代は重なっていて、「戦国時代の前半」が「室町時代の色彩を濃厚にしている時代」であるのに対して、「戦国時代の後半」は「室町時代の色彩を希薄にさせて行く時代」です。うっかり「戦国時代」と言われると、「室町時代が終わった後の時代」と勘違いしてしまいますが、これは物事を単純化しすぎた間違いなのです。

「戦国時代が始まった」とされる応仁の乱の段階で、室町幕府はまだある程度以上に機能しています。そこに連なる守護大名達も力を持っていて、この段階では、まだお馴染みの戦国大名達が登場しません。「日本の戦国時代」はそのように複雑でもあるのですが、ここには更に、もう一つの「ややこしい要素」があります。それは、室町幕府に政治の実権を委譲していた、天皇を頂点とする「朝廷」の存在です。

鎌倉時代から江戸時代まで、日本には朝廷があり、そこから政治の実権を委任された幕府がありました。そういう政治の二重構造があるからこそ、明治維新における「王政復古」――朝廷が復活した結果の明治維新政府もあるのです。江戸でも鎌倉でも室町でも、「幕府の時代」にはちゃんと「朝廷」という「もう一つの政治機構」が存在し続けていました。室町時代だってそういう二重構造の中にあったのですから、ここに「朝廷」というものはまだ健在なのです。「日本の戦国時代」には、事態を更にややこしくするそういう要素だってあるのです。

「守護」が意味するもの

別に、日本史の講義をするわけではありません。戦国大名が登場する日本の戦国時代には、「朝廷」があり、「室町幕府と守護大名」の関係があり、そこに更に新しい「戦国大名」が登場したという、三重構造の話――つまり「要素は三つだ」という話をしているのです。それだけのことなのですが、もう少し昔の話を続けます。それは、「守護とはなにか?」です。

「守護」というものの本来は、鎌倉幕府が各地に置いた「重要犯罪人対策のための警備本部長」です。鎌倉幕府の創設期は、まだ治安に関して不安があったので、こういうものが置かれましたが、やがてこの「本部長」達は、「地方の行政機関の長」のような存在になって行きます。「新しい体制が作られ、そこに新しい責任者が赴任する」と考えれば、別に不思議はないように思われますが、しかし日本という国の厄介は、そうそう単純にはなりません。どうしてかと言うと、この「守護」というものが、「既にあった地方の行政機関の権限を奪うためのもの」でもあったからです。

鎌倉幕府以前、日本全体は朝廷の管轄下にありました。大宝律令によって明確にされた「朝廷＝律令国家」という政治システムがあり、そこには「国司」という地方行政の長官もいました。鎌倉幕府の派遣した「守護」は、「国司」を頂点とする古い行政単位の力を無効にするための存在だったのです。「国司」を任命派遣するのは朝廷で、朝廷を支える経済基盤を作っていたのが「国司」です。しかし、「守護」を置いた鎌倉幕府は、このシステムを骨抜きにしてしまったのです。「守護」が置かれ、「朝廷は存在するが、その存在基盤はないも同然」ということになるから、「幕府があって朝廷もある」という政治の二重構造は出来上がってしまうのです。

守護大名と「抵抗勢力」

鎌倉幕府は「守護」を置き、次の室町幕府も「守護」を置きます。そのような形で、幕府の中央集権体制は出来上がり、「地方」という経済基盤を得た「守護」達も力を得て、室町時代。

には「守護大名」というものになって行きます。「政府の力によって勢力を得て、そのことによって、政府から距離を置いた独自の力を誇示出来るようになった」というのが、室町幕府の構成要素でもある守護大名で、それだけの力が各地の守護大名達に与えられていたのなら、当然、中央政府である室町幕府の支配力は低下していたのです。

戦国大名からすれば、「守護大名」というのは、「室町幕府という旧体制の中で育った実力者達」で、室町幕府と守護大名は、相互補完の関係を作っています。しかし重要なのは、この「守護大名」という実力者達の基盤が、幕府なんかよりももっと古いところにあるということです。なにしろ、守護大名が存在する「地方」というのは、そもそも律令国家の「朝廷」を支えるために存在していた行政単位だったのですから。

朝廷を支えて来た「地方」というものを横取りしてしまったのが、鎌倉幕府の「守護」で、室町幕府の守護大名は、そのあり方の延長線上にあります。だから、その地方を支配する守護大名達には、その正当性を認める「幕府」が必要なのです。つまり、「許認可権の発行元としての政府＝幕府」です。こうなって来ると、「二十世紀後半から二十一世紀初頭の〝負け組〟になってしまう大企業の経営者達が該当するのは、守護大名である」ということが、もっとよくお分かりになるでしょう。

「室町幕府」は自民党政権で、やがては「負け組」になる「守護大名」は、この体制下で力を得た大企業、バブルの壊滅後に登場する「勝ち組」は、「守護大名の下から出て来た戦国大名」です。そして、「室町幕府」が自民党政権なら、「負け組」になる「守護大名」は、「その政治体制に依存したままの古い政治家・官僚」ということにもなります。二〇〇一年に自民党総裁となった小泉純一郎の、「抵抗勢力」という有名な言葉を使えば、「室町幕府に連なっていた守護大名」は、「抵抗勢力」なのです。となれば、この言葉を使った自民党総裁小泉純一郎は、「守護大名の支配を倒して新たに登場した戦国大名＝勝ち組」ということになりましょう。小泉純一郎を「織田信長」になぞらえる人もありますが、それが正解かどうかは分かりません。

二〇〇五年夏の衆議院総選挙では、自民党総裁の小泉純一郎が、持論の郵政民営化に反対した自党の政治家達を拒絶して、党としての公認を出しませんでした。それのみならず、別の候補者を公認して、反対派のいる選挙区に「刺客《しかく》」として送り込みました。鎌倉幕府が、既に国司のいる地方に守護を送ったのと同じやり方です。となると、「守護大名の支配を倒して新たに登場する戦国大名中の勝ち組」でもあるはずの小泉純一郎は、それと同時に、「やがては倒される守護を置く鎌倉将軍」という、「負け組のルーツ」にもなってしまうのです。

だからなんなのでしょう？　話はそう単純じゃないということです。ただ一つ、「現代はそのように、室町時代である戦国時代に似ている」ということだけがはっきりしているのです。あまり役に立たない似方ですが——。

「我々」はなにに該当するか？

ということで、問題です。「室町幕府につながる守護大名」は、やがて「負け組」になってしまう旧勢力で、ここに新たに登場する「戦国大名」は、「勝ち組」です。では、そういう室町時代にあった「朝廷」に対応する「現代の要素」は、なんでしょう？

おそらくこれは、「とても難しい問題」のはずです。これを「難しい問題」と思うから、私達はこの現代で、「よく分からない事態」に直面してしまうのです。

この答は、一体なんでしょう？

政治的権限のほとんどを室町幕府に委譲してしまって、実質的な力がなにもない朝廷——その頂点に立つ天皇は、当時のあり方に従えば、「日本の主権者」です。「日本の主権者でありながら、実質的な力を発揮出来ないでいるものはなんだ？」と考えれば、この難しい問題の答はたやすく出るはずです。「朝廷」と「室町幕府と守護大名」と「戦国大名」の三重構造があった室町時代の「朝廷」に対応する現代の要素——それは、「日本の国民」なのです。

主権者である国民は、権限を「幕府＝政府」に委譲する。委譲しっ放しで、なんの力もない。委譲された「幕府＝政府」は、そこに連なる実力者達の意向で動いて行く——そして、バブル経済の破綻を招く。破綻後の混沌の中から、「勝ち組」という戦国大名が生まれる。室町時代的な考え方からこうした時代状況の「その後」を考えると、ルートは一つです。「戦国大名の中から、天下統一の覇者が生まれる」です――我々はそのように「戦国時代」というものを理解しているから、「やがて勝ち組の中から新しい秩序を担う人物が登場する」と思ったりもしてしまうのですが、果たしてそうでしょうか？

はっきりしているのは、今が室町時代ではなく、室町幕府が破綻した後の戦国時代でもないということです。「バブルの壊滅以後は乱世である」というのは一つの比喩で、現代が「乱世」であるにしても、これが「室町時代のその後」と同じ道筋を辿るかどうかは、分からないのです――そういう考え方だってあるのです。だから、「我々」という「忘れられた要素」も重要になるのです。

「我々」は「戦火に踏み躙《にじ》られる農民」ではない

私は、「勝ち組」ではありません。「日本国民の一人」です。おそらくそれは、この本の読者でも同じことです。だから、我々の考えることは、「勝ち組のあり方」ではなくて「我々のあり方」なのです。我々が必要なのは、「勝ち組の視点を通して見る」ではなくて、「我々の視点で見る」なのです。そういう簡単なことが忘れられてしまっているからこそ、現在は「混迷の中にある」ということになってしまうのです。

どうしてそういう「簡単なこと」が忘れられてしまうのか？　それは、我々が「民主主義」というものを、まだちゃんと自分のものにしていないからです。だから、「自分はどこにいて、自分のポジションはなんなのか」ということが、よく分からないのです。

守護大名は、「朝廷」という古いシステムの基本になっていた「地方」を経済的な基盤にしていました。「いい御領主様」も「悪い御領主様」もいたでしょうが、「朝廷」が統括していた「地方」という行政単位——その利権を横取りしたのが守護大名だということは、間違いありません。そして、守護大名を倒す戦国大名も同じです。「朝廷」という古いシステムの基本になっていて、守護大名の経済的基盤になっていた「地方」という単位を奪い取って、「自分の領地」にしてしまいます。「地方」という、日本の基本単位でもあるようなものは、常に「ある支配体制の中に組み込まれているもの」になっていて、その支配権は、「地方住民の外側」で勝手に受け継がれて行くのです。「乱世」というのは、そういう「地方の支配権」が移行する時代でもありますが、我々は、そういう「乱世」にいると考えられたりもするのです。だとしたら、我々は、その「乱世」の中で、どういうポジションを占める存在なのでしょうか？

「我々は、勝ち組の〝戦国大名〟じゃないぞ、〝守護大名〟でもないぞ」と考えると、「我々」のポジションは、一つしかありません。それを「朝廷だ」と思えなかったら、「我々」の該当するものは、一方的な支配を他人から受ける「地方」というところに住んでいる、「戦火に踏み躙られる農民」なのです。

戦後六十年、普通の日本人は普通に生きていて、いい時もあったし、悪い時もあった。豊かになった時もあったし、それがこけた時もあった。それは「我々」かもしれないし、「我々の親」かもしれない。しかしなんであれ、「我々」という主権者は、政治のあり方とか社会のあり方と、少しは関係があったかもしれないけど、実際はほとんど関係がないままに生きて来て、そして今また、新しい「乱世」の中にいる——こんな風に考えたら、「我々」は「乱世の戦火に踏み躙られる農民」と同じです。本当に我々は、そんなもんなんでしょうか？　もう少しまな考え方をした方がいいのです。

「我々のポジションは〝戦火に踏み躙られる農民〟ではない」と考えたら、戦国時代である室町時代の中で、残るものは一つです。「時代の中で影が薄くなっているかもしれないが、本来は正当なる主権者である〝朝廷〟」です。そう考えれば、「なるほど、〝主権者である〟という点で同じだな」になります。

そう考えればいいのです。ところが、それが「難問」になってしまう。すぐにはそう考えられない。ということはつまり、我々が、「我々は主権者である」という考え方に慣れていないということなのです。「いい加減そういう考え方に慣れたらどうだ」と言っているのが、二十一世紀初頭のこの「乱世」で、だからこそこの「乱世」は、「価値体系の揺らぎに端を発する知的な乱世」なのです。

「我々＝主権者」と考えると

二十世紀のある時期まで、「我々＝戦火に踏み躙られる農民」とする考え方は、主流を占めていました。もちろんこれは、社会主義的な考え方です。この考え方からすれば、「民衆」というのは「支配者に搾取される者」で、「我々」は「民衆＝農民」なのです。しかし、民主主義の考え方をしてしまうと、これが微妙に変わります。「我々」は、「民衆」である前に、「主権者」なのです。

我々＝主権者は、直接政治に参加する暇がないので、政治家にこれを代行させます――システムとしては、これだけです。「我々」の数が多いので、政治は政治家によって代行される――それだけの話で、主権者が「我々」であることだけは変わりません。それが、民主主義なのです。いたって単純な話ですが、これがどうしてすんなりと簡単に呑み込めないのかというと、政治家が「我々の代行者」である以前に、「我々の支配者」だった歴史が長かったからです。まだそういう思考習慣が残っているから、「我々は政治家に政治を代行させている」ということが、どこかでピンとこなくて、民主主義もピンとこないのです。

「支配者」というのは、二十世紀前半に登場した「独裁者」が最後で、その後には存在しにくいものです。どうしてかと言うと、主権者である国民が、あれこれ文句を言うからです。その国の国民が文句を言えないと、よその国が文句を言います――「あんたのとこの国には自由がない」と。「そんなもんなくてもいいだろう」ですまなくなってしまったのが二十世紀で、だからこそ、「独裁者＝支配者」は存在しにくいのです。「政治のことを全部自分で考えてくれるいい独裁者がいれば楽なのにな」とは思いますが、そういうものは妄想です。これだけ文句の多い「国民」という主権者全体を相手にして、「文句を言われなくてもすむような状態」を一人の人間が考え出し作り出すというのは、ほとんど「不可能」です。その点においても、もう「支配者」の登場は不可能なのです。だから我々は、民主主義というくそめんどくさいシステムを、みんなで動かして行かなくちゃいけないのです。

昔の人は、「民主主義＝善」と考えていました。まだ「民主主義」じゃなかったから、細かいところまでは分からず、そういう単純な信じ方をしていたのですが、実は民主主義というものは、「主権者の一人一人があゝだこうだと考えなくちゃいけない」という点において、とてもめんどくさいものなのです。そして、誰かが都合よく「支配者」なんてものになってくれて、そういうめんどくさいことを全部肩代わりしてくれるということは、もうありえないのです。「支配者」というと、すぐに「支配される恐怖」を考えてしまいますが、しかしその一方には、「支配させちゃうと楽」という考え方もあるのです。でも、それももう通用しない――「乱世」

である現在の先にある「未来」とは、もうそのような方向でしか考えられなくなっているものなのです。

「地方と中央」と言っても、そこには複雑な内実がある

というわけで、「我々は民主主義に慣れていない」ということは呑み込んでいただけたと思いますが、それはつまり、「我々はうっかりと昔ながらの考え方をそのまま踏襲している」ということでもあります。「〝地方〟という経済基盤を得た守護」とか、「〝地方〟に派遣された国司が朝廷を支える経済基盤を作った」と言って来た「地方」というのも、その一つです。「地方」というものを、「どのように位置付けられて来たもの」とお考えになりますか？　この「地方」というものだって、かなり特殊な位置付けられ方をして来たものなのです。

「地方と中央」という二分法は、今でも当たり前に使われています。「中央」は東京の別名で、ただそれだけのことだと考えられていますが、しかし「地方と中央」という二分法は、「地方は中央を支える義務を負っている」という、律令国家の大昔に定着してしまった考え方に拠っているのです。

「地方」は、「中央を支える経済的基盤」で、「中央に貢ぎ物を贈るところ」なのです。そういう風に規定されているのです。昔の「中央」である「都」は、「地方から贈られるものによっ

て成り立つ場所」で、であればこそ、そこは「支配者のいるところ」なのです。「中央＝支配者のいるところ」で、「地方＝支配者のいないところ」ではありません。「地方＝支配者のいる中央を成り立たせるために存在しているところ」なのです。だから、「地方」にだって「中央」はあります。たとえば、「県庁＝中央」というように。

「その地方に守護を置く」ということは、「中央のための経済基盤」になっている「地方」を手に入れることで、「地方＝経済基盤」は動かない事実だったのです。

だからこそ、「支配者」なる人は「地方」を欲しがったのです。「地方」を経済基盤にした律令国家の朝廷も、朝廷からこの利権を奪い取ってしまった「守護」や「守護大名」や、守護大名からこれを奪って自分達の直接的な領地にしてしまった「戦国大名」も、そしてその中から生まれた新しい時代の覇者も、みんなこのことを「当たり前」だと考えていたのです。現代の我々はこのことを忘れているから、「地方＝繁栄を支える経済基盤」という考え方が、なんだかピンと来ないのです。

しかし、「地方」と「中央」は逆転している

「地方」は経済基盤なのですから、「地方を手に入れ、それを基盤にして中央に進出する」という構造があったことは分かります。それがつまり、「天下統一」を可能にするための基本プロセスでした。しかし、こんなことは、もう成り立ちません。なぜかと言えば、「地方」はもう「日本の経済基盤」にはなっていないからです。「地方と中央」という考え方だけは相変わらずあって、しかし、「地方と中央」のあり方は、いつの間にか逆転してしまったのです。「日本の経済基盤」は、今や「地方」ではありません。その中心は都市部です。日本人の多くは被雇用労働者＝サラリーマンになって、人は「地方」から都市へと流出してしまいました。かつては「日本の経済基盤」であったはずの「地方」は過疎地になって、地方選出の政治家達は、「中央の金」を自分達の支持基盤である「地方」へと運ぶようになったのです。つまり、過疎化の進行と共に、「地方が中央を支える」から、「中央が地方を支える」へと逆転してしまったのです。

「中央は地方を搾取している」は、もう成り立ちません。代わりに、「中央は地方を冷遇している」というクレイムが、「地方」から生まれます。そして、かつてとは反対の、「日本の政治家は地方の都合ばかり反映させて、都市住民の声を反映させない」という声も、都会地からは生まれます。「地方」と「中央」のあり方は、逆転してしまったのです。

だから、仮に「勝ち組」が「天下統一を実現させた覇者」になってしまうと、とんでもないことになります。この人達は、「自分」という「中央」で得た富を、せっせせっせと「地方」に運ばなければならなくなるからです。それをしないと、「地方」から文句が来ます。そして、

「中央」から富を運ばれるだけの「地方」は、「日本の経済基盤」ではなくなっているのです。それをしてどんな「見返り」があるのかというと、ないのです。かつては、「地方で支持を得る」ということが、「中央での権力」を可能にしましたが、今や「地方は地方」で、「地方の力」は「中央」へ届かなくなっているのです。だからこそ、中央政府は「地方分権」と言い、「地方」もまた「地方分権」を言うのです――「地方分権」を言いながら、「だから金を渡さない」「だから金を渡せ」と、正反対のことを言うのです。

一つの「中央」で残り全部の「地方」を支えるのは無茶だ

「地方と中央のあり方は逆転した」というのは間違いではありませんが、しかし、この言い方は不正確です。どうしてかというと、地方の人はまだ「中央」という考え方をしていますが、都会地の人は、ずっと以前からそんな風には考えていないからです。つまり、「地方」から見れば「中央」はあるけれど、「中央」であるような都会地から見れば、「地方」だけがあって、「中央」なんかはないのです。

「地方」の人達が「中央」と思っているところは、もう「都会地という一つの地方」になっていて、そういう相対化が実現してしまっているにもかかわらず、相変わらず「地方」の人達は、「中央」という考え方を捨てきれないのです。なぜでしょう？　それは、「中央に対する地方」

という考え方を、「地方」に住む人達が、あまりにも長く続けすぎてしまったからです。なにしろ「地方」というのは、「中央の経済的基盤を支えるところ」で、それゆえに「中央による支配の対象」になっていたのです。だから、「そういうものだ」と思い続けて、「もう支配される時代じゃない」と思った時、「中央は地方へ富を還元するべきだ」と考えたのです。そして、運よくそれは実現して、しかし気がついた時、「中央」からはもう「ここは中央だ」という考え方が消え失せていたのです。

では、どうして消え失せたのでしょう？　これもまた簡単です。「地方」が「地方であることの本来」を実現してくれなくなったから、それをしてもたいした見返りが得られなくなったからです。「地方」の人口が減って、過疎と高齢化が深刻になれば、そこを地盤とする政治家の力だって弱くなって行きます。そして、「中央」というのは一つしかありませんが、「地方」というのは、いくらでもあるのです。なぜかと言えば、「中央」ではないところは、すべてが「地方」だからです。一つの「中央」で、その周り全部にある「地方」を支えるのは、無理です。過疎と高齢化に悩みながらも「地方」は存続して、「地方」を存続させて行く内に、いつの間にか、「中央」から「中央」という意識がなくなっていたのです。

「地方」があればこその「中央」です。「地方」は「中央」へ富を贈り、贈られた「中央」は、「地方」に対して「中央」であることを誇示する——誇示して羨望させて、「中央」へ富を贈ることを当然のように仕向ける。かつての「都」と呼ばれるような「中央」のあり方は、そういうものでした。しかし、もう「地方」は「中央」に富を贈りません。「中央」を羨望することだけはあって、しかし、「中央」を羨望する「地方」は、「中央から地方へ」と、富を逆流させることを要求するのです。

「中央と地方の関係」は、「勝ち組と負け組」みたいなものです。だから、「地方」は「中央」に憧れ、真似をしようとします。「地方」に富を贈りたくない「中央」は、めんどくさくなって、「地方」を切り捨てようともします。でも、それはなかなか出来にくいことです。だから、「中央」の人は、うっかりと「地方」のことを忘れようとします。だから、今や「中央と地方の関係」は、「年老いた両親の介護をすることに疲れきった子供」や、「離れて住んでいる年老いた両親のことを忘れたがっている子供」のようなものになったのです。

だからなんなのか？　かつてのような「地方から天下統一へ」ということは、二十一世紀の乱世には起こらないということです。かつての統一原理は、もう分裂しかかっているのです。

昔のことは、所詮「昔のこと」でしかない

だからなんだと言うと、「そんな風に逆転したり分裂しちゃったりしてるんだから、今更〝勝ち組による天下統一〟なんていう考え方をしたって無駄だ」ということです。二十一世紀の乱世は、十五世紀に始まって十七世紀の初めに終息した戦国時代なんかとは違う「知の乱世」なのです。「なるほど、知の乱世なのか。今までこんな風に日本の過去を振り返ってみたことはないからな」くらいのことは、お分かりいただけたと思いますが、「昔のこと」は所詮「昔のこと」で、歴史というのは、そう簡単にワンパターンの繰り返しなんかしやしないのです。

だからこそ、「どうしたらいいかが分からない」は、広く深刻に蔓延して行って、であればこその「乱世」なのです。

第二章　たった一つの価値観に抗する

1　隠されたトリック

「勝ち組はなぜ評価されたのか」に関する単純な疑問

もう一度、「勝ち組はなぜ評価されたのか」という単純なところから始めましょう。言うまでもありません、「その背後に不景気があったから」です。

昭和が終わって一九九〇年代になります。「バブルがはじけた」の後の不景気が続き、「なんとかならないのか！」の声が上がります。やがて没落する「守護大名」のような、日本経済に連なる人達は、「その内になんとかなるはず」という根拠のない楽観論——彼等のあり方からすれば「根拠を超えた基本的認識」を唱え、でもやっぱり、景気は回復しません。産業経済の要となる銀行が、多額の不良債権を抱えて身動きが取れないからです。中小企業に対する「貸し渋り」と言われることも起こって、本当だったら潰れなくてもよかった（かもしれない）中小企業の倒産が続く——そういう「終わらない不景気」の中で、「なんとかならないのか！」の声は再び強くなります。「なんとかならないのか！」と言われてもそう簡単になんとかならなかったのが、一九九〇年代後半の日本経済というもので、「勝ち組」はそこに登場します。

「勝ち組」は、「終わらない不景気から脱出するための日本経済の牽引役」として期待を集め、「勝ち組」はその点で評価されるのです。

　以上の説明には、間違いがないはずです。間違えるまでもない、簡単な「常識的見解」です。「分かる」も「分からない」もなくて、これに「分からない」と言えるのは、「一九九〇年代の日本経済と日本社会のあり方」を知らない人間だけです。それは、「経済的な見地からものを見る能力のない者、その基礎知識のない者」で、「世の中のあり方に関心のない者」です。だから、先の要約を見て、普通の人は「そうだな」とか「そうなのか」と言うのです。ところがしかし、この要約をした当の本人である私は、実のところ、この説明がよく分からないのです。分からないけど、「こういうことになっていたんだろ?」という、「一九九〇年代の日本経済のあり方」に関する知識だけはあるのです。だからなんなのか？　この私は、「一般的に一九九〇年代の日本経済のあり方はそのように要約されているが、そんな要約の仕方でなにが分かるんだ?」と考えているのです。

　先の要約には、「抜けていること」がいくつかあります。それはまず、「なぜ不景気は回復しなかったのか？　なぜそんな不景気になったのか?」という大疑問です。この疑問は、「なぜ、〝回復しない不景気〟を実現してしまうようなバブル経済は生まれ、更に〝その内になんとかなるはずだ〟という楽観論さえもが生まれたのか?」という疑問と重なります。私には、その疑問への検討がないまま、「かくかくしかじかでした」とする要約が、よく分からないのです。それで「分かった」とする人の頭の中が、よく分からないのです。なぜそんなことを言うのかというと、「不景気の後に登場した勝ち組は、低迷する日本経済の牽引役として期待を集めた」という要約が、いろいろなことを隠してしまうと思うからです。

「勝ち組の登場」によって隠されるもの

「なぜ勝ち組は評価されたのか」は、「勝ち組」が登場する社会状況の分析につながることです。しかし、同じ分析でも「なぜ勝ち組は評価されなければならなかったのか」という考え方だってあります。私のアプローチは、「なぜ勝ち組は評価されなければならなかったのか」の方です。

前章でも言ったように、私は、「〝勝ち組・負け組〟という二分法はなにかを隠してしまう」と考えていて、「そこに大きな問題がある」と思っています。「〝勝ち組・負け組〟という指標はとても分かりやすい指標だが、〝勝った・負けた〟だけの二分法は、そこにある〝複雑なディテール〟をいともたやすく隠してしまう」です。「勝ち組＝頭がいい＝知性がある」にしてしまうととんでもないところへ行ってしまうというのも、そのためです。別に私は、「どこかに〝勝ち組〟を利用してなにかを隠そうという意図があった」と言っているのではありません。

「結果として隠されてしまう、そのことが問題だ」と言っているのです。「問題があまりにも単純化されて、その結果、複雑なディテールが隠されてしまう」は、大問題であってしかるべきでしょう。

「勝ち組」を景気の牽引役として評価した一九九〇年代の日本経済は、そうして「なにか」を隠してしまったのです。それは、なんでしょう？　「大疑問への答がない、その検討がない」というのもその一つで、そこに隠されているものは、たった一つの簡単な言葉に置き換えられます。つまり、「反省がない」です。

「負け組」はどこにいる？

バブルがはじけた後に「その内なんとかなるさ」と考えた人は、果たして、その後に「なんとか」をしたんでしょうか？　なんにもしていないのです。「楽観論を唱えた」と私は言ってしまいましたが、おそらくは、そんなこともせず、黙ってなんにもしなかったのです。というのは、「バブルがはじけた」という事実を、一九九〇年代初めの日本人の多くがなかなか認めず、「まだバブルははじけていない。そもそも、これはバブル経済なんかではない」としていたということもあるからです。認識としては、「なんだか景気が悪いな、これが〝バブルがはじけた〟というやつなのか？」です。そんな程度の人達が、自主的に「なんとかする」をやるわけもありません。「なんだか分からない以上、〃どうする〃もない」と放置して、その後に「こりゃ大変だ！」と叫んだのです。もちろん、そういう愚かな人達ではない「自分から〃なんとかしなくちゃいけない〃と思った人達」だって、いくらでもいたでしょう。しかし、一九九〇年代の日本経済は、「〃なんとかしよう〃と思っても、そう簡単にはなんともならない」という状況にあったのです。だからこそ、「牽引役」は必要となったのです――「日本経済全体の牽引役」として。

話としての筋道は通るのですが、これは「とんでもない話」です。どうしてかと言うと、これが「日本経済全体の牽引役」だからです。とんでもないことではないでしょうか？

「みんなでなんとかしようとしているところへ牽引役が現れた」なら分かります。でも、そうではないのです。一方に「みんなでなんとかしようとしてもなんともならない状態」があって、「そこに〃勝ち組〃と言われることになる者が現れる」という、もう一つの別の状況があったのです。その別々の二つを一つにくっつけると、「勝ち組＝日本経済の牽引役」というまとまり方になります。「話としての筋道は通っているが、とんでもない話」というのは、そういう出来上がり方をしているからです。

ここには、トリックがあります。それが意図されたものか意図されないものかは別として、「トリック」と言った方がいいようなものが、明らかにあります。ウソだと思うなら、「勝ち組」と対になるはずの「負け組」が、今の「状況分析」のどこにいるのかを考えてください。どこにもいないのです。

「勝ち組・負け組」という一対があって、「勝ち組」と言われるようになる存在は、ここに存在しています。「牽引役」です。だったら、ここに「負け組」だっていてもいいのに、いないのです。一九九〇年代の状況分析の中に「やがて〝勝ち組〟と言われるようになる者」はいて、しかしこのどこにも、「やがて〝負け組〟と言われるようになるはずの者」は、いないのです。「勝ち組」を際立たせる「負け組」だっているはずで、やがてはその結果によって「負け組」とジャッジされてしまう者も登場します。しかし、それは総体として、あまりにも少なすぎるのです。

「バブルがはじけた後になんの手も打たなかった者、打てなかった者」は、「負け組」候補です。その数は、「勝ち組」なんかよりもずっと多かったはずなのです。しかし、この状況分析の中では、それが「負け組」とはされていないのです。だから、やがて登場する「負け組企業」の数は、全体としてとても少ないのです。つまり、「〝勝ち組〟にはカウントされず、本来だったら〝負け組〟とジャッジされてもいいはずの、圧倒的多数の〝その他〟」が、どこかに消えてしまっているのです。

「勝ち組」という牽引役が登場して、「その他」はすべて「勝ち組」になったのか？　「負け組」であることから脱せられたのか？——先の状況分析からは、このことがすっぽりと抜け落ちているのです。だから私は、「反省がない」などと言ってしまうのですが。

隠れてしまった「負け組」予備軍

もちろんそこには、「将来〝負け組〟と言われてしかるべき者」が多数隠れていたのです。だから、その後になっても、日本の景気はパッとしないのです。パッとしないけれど、牽引役である「勝ち組」の方に焦点を合わせてしまえば、「パッとしないままのその他」は、「負け組」とカウントされずにすむのです。

「勝ち組・負け組」という二分法があって、「なにをもって勝ちとし、なにをもって負けとするのか」という基準は、実のところありません。だから、「いわゆる〝勝ち組〟」というような明言を避ける形で、この言葉は使われます。「別に〝勝ち・負け〟の基準はない。しかし、明らかに〝勝ち組〟である」という形でこの二分法は行われて、だからこそ、「〝勝ち・負け〟の基準はないが、明らかに〝負け組〟である」というジャッジもあります。果たして、その「負け組」という基準は、「勝ち組になれなかった」というところにあるのか？　あるいは、「市場からの撤退を余儀なくされた」とか「経営不振で経営陣の退陣」と言われるような、明白な結果を出してしまったことにあるのか？　「勝ち組・負け組」の二分法は、実は「負け組とはいかなる者か」ということを曖昧にしてしまう効果を持つものでもあるのです。なぜかと言えば話は簡単で、「勝ち組」が登場すれば「負け組」は切り捨てられる——切り捨てられて消えるのですから、「負け組のなんたるか」は問題にされないのです。それが隠れるです。

日本経済の牽引役になる者を「勝ち組」として、その一方で、業績悪化の結果「倒産」に至ってしまうような明白な結果を出してしまった者だけを「負け組」とすれば、日本経済の大勢をなす「パッとしないままのその他」は、「負け組」とカウントされずにすむ——そして、日本経済の大勢はパッとしないままです。

この「パッとしないままのその他」は、過去においても、その将来においても、「負け組」とはカウントされません——そのように、隠れているのです。だから問題は、「日本の景気をパッとさせずにいて、しかも〝負け組〟とはカウントされない者」が隠されているという、そのところにあるのです。

意外な「負け組」の正体

「将来〝勝ち組〟とされるようになる者」がいた一九九〇年代の日本で、「本来ならば〝負け組〟としてカウントされなければならなかったのに、それをまぬがれた者達」というのは、なんでしょう？　それは、「バブルがはじけた後になんの手も打たなかった者達、打てなかった者達」なのですが、この総体は、いかなる名称で呼ばれるべきなのでしょうか?

それは、実に意外なものです。それは、「あまりにも大きすぎて見えにくいもの」です。なんでしょう? それは、「日本経済そのもの」なのです。「負け組」と対比されて存在する「勝ち組」は、実はそのような対比の中での「勝ち組」なのです。

「バブル」を招来させてしまった日本経済は、自分達の中から「景気の牽引役」を生み出せなかった。だから、その「外」にいた「勝ち組」を自分達の中に引き込んで、「勝ち組=景気の牽引役」にしたのです。「〝勝ち組〟は景気の牽引役として評価された」のなら、評価したのは、「本当だったら〝負け組〟になっていなければならない、日本経済そのもの」なのです。本来だったら「負け組」として批判の対象になっていなければならない「日本経済」は、そうやって、自分の立場を隠したのです。

2 「勝ち組」という基準を持ち出した人達

誰が「勝ち組・負け組」を持ち出したか

話は、既に十分に大きくなってしまいました。「〝勝ち組・負け組〟の二分法は、日本経済の失点を隠す」です。そんなとんでもない構図があるのなら、是非とも、「そんなことを仕組んだ張本人」を見つけ出してみたいものです。既に私は、「〝勝ち組〟を利用してなにかを隠そうという意図がどこかにあったわけではない」と言ってしまいましたが、こうなってしまうと、「どこかにその意図はあった」にした方がずっとおもしろくなります。きっと、どこかにその意図はあったのです。だったら、それはどこか？

それを考えることは、「誰が〝勝ち組・負け組〟を言い出したか？　どこから〝勝ち組・負け組〟の基準は持ち出されたか？」を考えることでしょう。「勝ち組・負け組」の二分法は、一体どこから出て来たのか？　一体、どこでそれは定着したのか？

「噂の発信源を探る」みたいな、なんともとらえどころのない話ですが、これは「〝勝ち組・負け組〟の二分法を必要とする人達は誰か？」と考えれば分かるはずです。必要があるから、そういう「二分法のジャッジ」が考えられ、やがてはそれが独り歩きを始めて、「〝勝ち組・負け組〟の二分法はなにかを隠す」になってしまった――そういう経過を辿るはずなのです。そういう「悪意のない者」――しかし、根本のところでは「悪意になりかねない要素も抱え持つ者」、これが「勝ち組・負け組」の二分法を持ち出した張本人なのです。

一体それは、誰なのか？　簡単です。投資での金儲けを目的とする「投資家」という人達と、その周辺にいる人達です。それ以外に「勝ち組・負け組」などという二分法を必要とする人達はいません。「勝ち組は、自分で自分のことを〝勝ち組〟とは言わない」ということを思い出してください。「勝ち組・負け組」を言うのは、その近くの、そしてその外側にいる人達なのです。

「エコノミスト」という新しい思想家

「その企業の業績はいい、その企業の業績は悪い」と考えるのは、投資家の当然です。「全般的に経済状況はよくない」と考えて、「これでは困る、よくなる要素はどこかにないか？」と考えるのも投資家で、「勝ち組・負け組」の大雑把にして分かりやすい二分法は、そこから登場するのです。

一口に「投資家」と言っても、「そこら辺にいる小金を持った人」から、「機関投資家」と呼ばれる法人組織まであります。「機関投資家」は、「人の集団」ではあっても、「投資家という人」なんかじゃありません。「投資のための人材」を抱える組織で、そういうものが存在して、そういうものが「大きな額の金」を動かすのなら、そこおよびその周辺には、当然「多くの人」がいます。それを「エコノミスト」と言ってもいいのかどうかを私は知りませんが、「エコノミスト＝経済問題の専門家」と言ってもなんにもならないので、「投資家の周辺にいる人＝エコノミスト」ということにしてしまいます。

エコノミストは、とても頭のいい人達です。世界中を対象にして膨大なデータを収集分析し、すごく難しいことを考えます。やたらの数字が飛び交う点で、「文科中の理系」と言うべきものでしょう。もちろん私は「文科中の文系の極北」とも言うべき存在なので、数学なんか扱えません。数字を並べられると、「なんだか分からない話が始まった」と思う程度のものです。「データってなんだよ？」と、不貞腐《ふてくさ》れるような手合いです。こういうグダグダしたことを並べていることからでも、私の「エコノミスト＝苦手」とする頭の程度はお分かりいただけると思いますが、エコノミストは、現代に存在する「唯一」と言ってもいい「思想家」なのです。

なにしろ、他のジャンルの「思想家」と言われる人達は、現実問題に対してあまり役に立つ発言をしません。「役に立つかどうかは、思想にとって関係がない」なんてことを言いかねませんが、エコノミストは、金が動く現実に対して、ストレートに発言をしなければいけないのです。長期的であるにせよ、短期的であるにせよ、世界の動向の「その先」を、明確かつ具体的に判断して、それをそのまま発言しなければならないのです。なんてすごい知性なんでしょう。私なんかには、とても真似が出来ません。エコノミストこそが、現代世界に残った唯一の「思想家」なのです。

エコノミストは「世界情勢そのもの」を管轄するのですから、その言うことは複雑で、「膨大な事象」が扱われます。しかし、「投資」というものは、具体的な行為です。しかも、「即決」が必要とされます。だから、投資に関わる人達は、エコノミストに「具体的な指針となるもの」を求めます。エコノミストは、必ずしも「投資家」ではないのかもしれませんが、「投資の現場」と近接するところにいて、投資家はエコノミストの助言を求めます――そういう関係の中からしか、「勝ち組・負け組」という二分法は生まれないはずなのです。

もちろん、エコノミストは「勝ち組・負け組」などという俗な言い方をしないでしょう。正確さを必要とされるエコノミストは、言っても精々「いわゆる〝勝ち組〟」というような言い方しかしません。「言いたきゃ〝勝ち組〟と言いなさい。しかし私は〝勝ち組〟などという不正確な言い方はしません」というのが、現代世界での最高知能であるエコノミストです。でも、そうであっても、「勝ち組・負け組」という指標は、そういうところからしか生まれないのです。

混迷する経済状況があって、そこでは分かりやすい指標が必要とされます。「勝ち組・負け組」という二分法は、定着してしまえば他にも転用されますが、今時「勝ち・負け」という区分が切実に必要とされる領域は、「投資の現場」にしかありません。だからこそ、「勝ち組は自分のことを〝勝ち組〟とは言わない」になるのです。「あそこは業績がいい、勝ち組だ」という判断は、そう判断することに意味のある人間にだけ必要なことで、それは、「企業の外にいて企業を見つめる者＝投資家」にしか必要のないことだからです。

というわけで、「投資の世界」は「勝ち組・負け組」という二分法のジャッジを生み、これは「ストレートに残酷なジャッジ」にもなります。なにしろ投資は、「売るか、買うか」の二者択一なのです。しかもこのジャッジの背景には、「エコノミスト」という現代世界最高の知能がついています。「現代世界最高の知能が提示するような方向性に合致するあり方をする」なんて、とんでもない能力です。「勝ち組＝知性がある」になるのも当然でしょう。そうでもなければ、「混迷する経済状況の中で〝勝ち〟を得られる」なんてことにはなりません。「勝ち組」が相当に頭のいいことだけは間違いないのです。まァ、だからなんだというと、それだけの話なんですが。

エコノミストは「経済」を否定しない

というわけで、私が苦手とする「エコノミスト」の領域ですが、私はこういうものへの攻め方を、たった一つだけ知っています。それは、「エコノミストは〝日本経済そのものが負け組になった〟などとは言わない」ということです。つまり、「日本経済はだめになって、勝ち組だけが生き残る」などとは言わないのです。少なくとも、日本のエコノミスト、あるいは日本を拠点とするエコノミストは言いません。言うのなら、「この、ま、ま、で、は、日本は世界経済の負け組になる」という言い方をします。

経済の世界で「負け組になる」ということは、見捨てられるということです。「日本経済そのものが負け組になった」なんて言ったら、日本経済そのものが見捨てられます。それは「日本経済の中に、投資の対象となるものがなにもない」ということなのです。日本を拠点とするエコノミストが絶対にそんなことを言うはずはないというのは、そうなったら、彼等エコノミストの存在理由がなくなってしまうからです。

日本経済の中に投資の対象がなくなったら、日本を拠点とするエコノミスト達は、その拠点を日本から移さなければならなくなります。「そんなことを言うはずはない」の以前に、彼等は「でもまだどこかに投資の対象はあるだろう」という考え方を、日本経済に対してします。

「将来の成長が期待出来る企業」があって、そこに投資を考える競争相手がいなかったら、そこに投資をしようとする投資家は「将来の利潤」を独占的に手に入れることが出来るのです。投資家にとってこんなおいしい話はないのですから、「ボロ船になった船団」と思われるものの中に「使えそうな船」を発見するのは、エコノミストの義務のようなものです。なにしろ株価というものは、「底値を打った」ということになったら、そこから「反発」をして、再び上昇するものなのですから。「株価が値下がりした」ということは、「株価が上昇する可能性を持った」ということでもあるのですから、ちゃんと存在している「日本経済そのもの」を見捨てるなどということはありえません。たとえ「見捨てたくなるような状況」があったとしても、決して「見捨てる」などとは言わず、そこに「可能性」を探そうとするのです。

だから、「勝ち組が日本経済の牽引力になる」という言い方はしても、「一部の勝ち組企業に対して、日本経済そのものが負け組になった」などということを、エコノミストは言わないのです。そういう考え方をしないのです。だから、日本経済そのものに「反省がない」という現実があったとしても、決してそんなことを強くは言わないのです。それを強く言って、日本経済そのものが投資家に拒絶されてしまったら、大変なことになります。だから、そういうことは弱く言います。弱く言って、「まだ日本経済にはまともな批判を受け入れる能力がある」という、肯定の仕方をするのです。「私は〝日本経済には反省がない〟と言う。今そのように言った――だから、この提言は受け入れられた。つまり、日本経済には批判を受け入れる能力がある。だから、日本経済はだめになっていない」という論理です。

そうでなければなりません。なぜかと言えば、「日本経済には反省がない」だけだと、「どうすればいいのか」が、投資家達には分からないからです。「日本経済には反省がない、だからもうだめだ」なのか、それとも「日本経済には反省がなかった、その点を認めればこの先は大丈夫だ」なのか、それともまた「日本経済には反省がなかった、その点を認めればこの先は大丈夫だろうが、それはしばらく先の話だ」なのか――この点をはっきりさせなかったら、投資家達には分かりません。だから、エコノミストは「日本経済には反省がない」などとは言いませんし、「それは負け組の典型だ」などとも言いません。「私は日本経済を否定する」などとは、もちろん言うはずがないのです。

エコノミストは、存在する「経済そのもの」を、決して否定しません。未来は、「その経済」がある限り存在して、「その経済」は、未来がある限り破綻しないのです。エコノミストとは、そのように未来を疑わないものなのです。

私は別に、エコノミストを「仮想敵」にしているわけではありません。それを言うなら、私の仮想敵は、「エコノミストのあり方を絶対だと信じている人達」です。エコノミストはなにかを言い、エコノミストの提言に耳を傾ける人は、それを自分なりに解釈して、ある行為に及びます。「ある行為」とは、「投資をする」であり、「エコノミストの言ったことを、自分なりに脚色して広める」というようなことです。そういう関係の中で、「悪意のないもの」は、いつか「悪意に似たようなもの」として作用し始めるのです。「悪意はない、しかし、根本のところに〝悪意になりかねない要素〟も抱え持つ」というのは、そういう投資の世界を動かしているあり方についてです。だから、二十一世紀の世界は、いつの間にか「経済は絶対に崩れない」という前提に立たされてしまったのです。

エコノミストにとって、「世界経済」は決して破綻しない

「エコノミストは〝日本経済そのものが負け組になった〟などとは決して言わない」と同じようなことで、もっと極端なものもあります。それは、「エコノミストは絶対に〝世界経済は破綻する〟とは言わない」です。「このままで行ったら世界経済は破綻することになりかねない」という言い方はしても、その先は言いません。「このままで行ったら世界経済は破綻することになりかねない」は、「だからなんとかなる」という意味なのです。

世界経済が破綻したら、エコノミストの存在するところはなくなります。だから、エコノミストにはたった一つ、「世界経済が破綻したらどうなるか?」が分からないのです。その時は、ただ「もう終わり」なのです。そのような形でエコノミストは存在しているのですから、エコ

ノミストは、「世界経済は破綻しない」としか言わないのです。「このままで行ったら世界経済は破綻することになりかねない——だから、誰かがなんとかする。だから、世界経済は破綻しない」というのが、エコノミストのあり方に即した、エコノミストの論理なのです。

つまり、「エコノミストは、経済という枠組を必要とする」です。実のところ、私なんかは、「世界経済というものが破綻したらどうなるの？」ということが一番知りたいのですが、それぱっかりは、エコノミストも教えてくれないのです。

エコノミストが知らないこと

エコノミストは、なんでも知っています。「大地震が来たらどうなるか」に関しても、よく知っています。知る必要があるから、エコノミストはそれを調べたり、シミュレイトしたりするのです。どうしてそんなことをする必要があるのかというと、「大地震以後の復興における経済状況」を把握しておきたいからです。大地震が起きれば、必ずその後に「復興」があるわけで、当然そこには「経済的チャンス」もある。それがどういうもので、その時にどうすればいいかを知っておかなかったら、エコノミスト失格です。だから、「大地震が来たらどうなるか」を、エコノミストはちゃんと知っていて、「大地震の後にはなにをしたらいいか」も、ちゃんと知っているのです。もちろん、「復興のためになにをするか」ではなく、「復興の後になにをするか」で、「復興の時になにをするか」は、「復興の後にメリットがあるような方向で」です。でも不思議なことに、そういうことを知っているエコノミストも、「世界経済が破綻したらどうなるのか」ということだけは、知らないのです。だから、「世界経済が破綻した後にはどうすればいいのか」という、一番重要な対策も知らないのです。そういうことって、知りたくありませんか？　私が知っていたらここで言いますが、私も知らないので、残念ながら、それを教えることは出来ません。でも時々、私は「世界経済が破綻したらどうなるんだろう？〟世界経済が破綻する〟とはどういうことなんだろう？」と考えます。そこが、エコノミストとは違うところです。だって、やっぱり心配になるでしょう？

でも、エコノミストはそれを考えません。エコノミストの存在理由は、「経済が存在する」という枠内に限られていて、経済が破綻しない限りはエコノミストが存在して、経済が破綻すると、エコノミストはいなくなってしまうのです。だから、エコノミストの発言を聞いている限り、世界経済は絶対に破綻しないのです。エコノミストという世界最高の知能はそう考えますが、それはもしかしたら「金持ちの傲《おご》り」に近いものなのかもしれません。

「世界経済は絶対に破綻しない」――二十一世紀の世界、あるいは二十世紀末からの世界はこの前提で動いていて、これ以外の「もしも」は想定されないのです。だから私は、「危険だな」と思い、「それって、思想の自由がないってことじゃないか？」などと思うのです。

エコノミストではない者の考え方

私はエコノミストではないので、「新しく登場した勝ち組に対して、〝日本経済そのもの〟が負け組になった」と考えます。だから、「日本経済には反省がなかった」も、強く言います。そして、「世界経済そのものが破綻したらどうなるんだろう?」と考えて、「もしかしたら、別にどうってことないのかもしれないな」と考えます。私は「世界経済のあり方」とはまったく関係がないので、「関係ないものが破綻しても、〝関係ないな〟という状態しか訪れないだろうな」と思ってしまうのです。

私は、「世界経済の破綻」というものを、「物価が高くなったり、物不足とかが起こるのかな」などと、自分の現実の範囲内でしか考えられません。日本は銃社会ではないので、「治安の悪化」ということを、そう重大視しなくてもいいのです。「日本的な治安の悪化」なら、既にもう十分起こっていて、もう十分に現実化しているそれは、「世界経済の破綻」とは別系統のものです。だから、私の考えることは、「物価が高くなったり、物不足とかが起こるのかな?」だけです。

もちろん、それは結構に「大変なこと」でもあるはずなのですが、そういうことを考えると、「借金を返すのに四苦八苦でろくに物も買えず、金も使えなかった頃」を思い出します。思い出して、「それが完全な過去形になったわけでもないしな」と考えます。そして、「ああ、もうそんなことは二度といやだ」と思うのではなくて、「慣れちゃったから、またそうなっても、別にどうってことないな」と考えます。だから、「物価が高くなったり、物不足とかが起こっても、それは個人的にたいした変化でもないな」と思うのです。「物価が高い」とか「物不足になる」ということは、貧乏人にとっては「常のこと」でしかないので、「また覚悟するしかないのか」と思うだけです。

それはみんな、私にとっては「本当のこと」ですが、それで私は、「困った」とも思いません。また復活するかもしれない「過去のしんどさ」を振り返って、「ああ、いい経験しちゃったな、トクしたな」と思います。「ああいう経験したから、この先に困難が来ても平気だ」と。そういう考え方もあるのです。

「世界経済」というと、どうしても「国際感覚」とか「グローバリズム」とか「世界進出」ですが、私は「日本でしか通用しないはずの日本語の作家」なので、そういうこととも関係ありません。私には「世界マーケット」などというものもないのです。なにしろ私は、英語が喋れませんし、私が書いたもので英語に翻訳されたものは、短い小説一つだけで、それでたいした額のお金が入ったわけでもありません。でもそのくせ、私のところには、アメリカの大学から「日本文学とか日本文化の講義に来てくれないか」という話が来ました。私はアメリカの大学というのをよく知らないのですが、人に聞いたら、そこは「立派な一流大学」なんだそうです。「でも英語出来ないしなァ」と、その送られて来た英語の手紙を翻訳してくれた人間に言うと、「講義は日本語でもいいって書いてある」と言うのです。だとすると、英語も出来ずに身一つでアメリカへ行って、そのまんま「世界進出」が出来るわけです。「そうかァ……」と思って、でもそれを断ってしまったのは、「アメリカに行っちゃうと、借金返すための仕事が出来なくなるからなァ」というくだらない理由からです。私はそのように借金で縛りつけられて、「日本でしか通用しない日本人」になっているのですが、それでも別に「負け犬の遠吠え」にはならなかったりするので、「いいじゃん、それで」と思うだけです。

謎なのは、「オレの本なんかろくに翻訳もされてないのに、なんだってアメリカの大学の人間はオレのことを知ってんだ?」という、そのことだけです。分かんないから、この謎はそのまんまですが、私はアメリカへ行く気がないので、これもどうでもいいことです。

そういう私ですから、「もし自分が会社の経営者だったら」と考えても、「きっと世界経済が破綻したって関係ないだろ」くらいにしか考えません。こんな私が経営者になるのは、絶対に「小さな会社」で、そこの社長になっている私は、「ウチみたいなところに世界経済が関係あるわきゃないだろが」と言って、きっとそのまんま相変わらずの経済活動を続けているはずです。そうとしか考えられません。「世界が滅んだわけじゃない。世界は滅んだかもしれないが、ウチの周りにゃ生きた人間が当たり前に住んで暮らしてる。ウォールストリートがあった時だって、ウチとウォールストリートとは関係がなかったんだ。別になにも変わりゃしない。さァ、仕事、仕事。ほら、客が来やがった」くらいのもんでしょう。「贅沢言わなきゃ食って行ける」です。私はエコノミストではないので、「そういうあり方もありだな」と、平気で思ってしまうのです。

価値観はいろいろ

私が言いたいのは、どこでどうなっているのかよく分からない「世界のあり方」なんてものを勝手にシミュレイトして、それに自分を合わせようとしたって、合うかどうかなんか分かんないじゃないか、ということです。

自分が「世界の中」で生きているんなら——そのことを明確に自覚していたら、「世界」だって、「合わせてやろう」と言って向こうからやって来るかもしれないという、そんなことだけです。「世界」という、よく分からない遠くの現実に合わせるより、自分の生きている現実との調和関係を維持構築することの方がずっと重要で、そういうことをしていなかったら、遠くの「世界」が「こんにちは」と言ってやって来たって、どうしたらいいか分からないままでしょう。

自分の生きている現実との調和関係が維持構築出来ていて、そんな自分が「世界」に必要とされるのなら、その時は、自分の現実がほんのちょっと広がるだけで、「遠い世界も、小さな自分の現実も、現実になってしまえば違いはないな」と思うだけです。

まァ、あまり役に立たない話かもしれませんが、私はそういう風に冷静なので、「世界経済が破綻したら自分はどうなるのか？」なんてことは考えないのです。私が考えることは、「自分とは関係ない部分の〝世界〟だけが破綻して、自分はそこに含まれていないのだから、〝世界が破綻した〟というのなら、それはそれとしてで、また他人と〝世界〟を構築して行くしかないだろうな」ということだけです。

「自分一人で構築するわけでもないから、そうそう深刻に考えることもないな」と思い、「構築するにしても、それはきっと大変なことだろうから、とりあえず〝世界経済が破綻したらどうなるか〟程度のことは知っておきたいな」と思うだけなのです。それを「知っておきたいな」と思っても、現代世界の最高知能であるエコノミストは、そういうことを教えてくれないので、「だったらどうするかな？」と、勝手なことを考えているだけなのです。

私は、「もう乱世だし、乱世が加速するとめんどくさくなるから、この乱世を静めるような方向ってなんかないかな？」と考えています。私と違うエコノミストは、「乱世になると困る、乱世が来ないように、乱世を回避するための方策を考えよう」と考えるのです。エコノミストにとっての「乱世」は、「世界経済が破綻した後の状態」なのでしょうが、私にとっての「乱世」は、「〝世界経済を破綻させないように〟として、エコノミストが絶対の権限を握ってしまった危機状態」のことです。

さて――。

3　たった一つの方向性

この窮屈さの正体

私は、世界経済が破綻するかどうかなんかは、知りません。そして、エコノミストという人達が、「世界経済は破綻する」などとは絶対に言わないことを知っています。なぜ知っているのかと言えば、エコノミスト達が、「このまま放置したら世界経済が破綻しかねない」という前置きをして話をするのを、何度か耳にしてしまったからです。他の人は、そんな「話のマクラ」なんかには注目しないかもしれませんが、私は、それにうっかりと気づいてしまったのです。もちろん、エコノミストの論理は、「だから、かくかくしかじかの手が打たれて、世界経済は破綻しない」ということになるのですが、そんな話を聞いている内に、「なんでそんなにも〝世界経済の破綻〟などという極端な局面を話のマクラに持ち出さなきゃなんないのだろう？」と思ったのです。

「絶対に破綻しない」ということが分かっているものに対して、「絶対に破綻しない」などというマクラは使いません。「絶対に破綻しません、絶対に破綻しません」が繰り返されるなら、そこにはうっすらと共有される、「もしかしたら破綻してしまうのかもしれない」という危機感はあるのです。だから、「世界経済は破綻しかねない」をマクラに置くエコノミストの警鐘を聞いている内に、「ああ、世界経済は〝一歩間違うと破綻〟という危うい局面に来ているんだな」と思ったのです。そして、「今という時代のややこしさ、あるいは窮屈さは、破綻しかねない〝ある秩序〟を守るために、世界全体が一つの方向へ進むことを（暗黙の内に）よしとしてしまっているからなんだな」と思いました。「〝世界経済を破綻させないように〟として、エコノミストが絶対の権限を握ってしまった危機状態」というのは、そういうことです。

　こういう話をすると、「守られるべきある秩序＝世界経済」ということになってしまいますが、別にそうではありません。「世界経済」にはいろいろの形があって、「今の世界経済のあり方」を絶対視してしまった時にだけ、「守られるべきある秩序＝今のあり方をしている世界経済」ということになるのです。まァ、こんな風に話を進めるとややこしいだけになってしまうので、別の方向から話を進めることにします。

　ここでのテーマは、「事態の打開にはいろいろな方向性があるにもかかわらず、どうして現代では〝たった一つの方向性〟だけが浮かび上がってしまうのか」です。

勝ち組・小泉純一郎

二〇〇一年に小泉純一郎が自民党の総裁となってから、日本には歴然とした「動き」が生まれました。「改革」を訴える小泉純一郎は、総裁であるにもかかわらず、自党の中に「抵抗勢力」というものがいると公言し、その「抵抗勢力」が「抵抗勢力」のままであり続けるなら、「私が自民党をぶっ壊す！」とさえ言ったのです。

「日本のある種の〝停滞〟を作ったのは、永遠に変わらない自民党政権である」という思いは多くの人にあって、しかし、その政権は動きません。「結局のところ、野党は自民党に勝てない、日本は根本のところで変わらない」という思いも大きくあったところに、「私が自民党をぶっ壊す！」と公言する自民党総裁が登場してしまったのです。だから、小泉内閣の支持率は「八〇％以上」というとんでもない数字を示してしまいます。つまり、小泉純一郎は「勝ち組」になったのです。「勝ち組」として、「低迷し始めた自民党の牽引役」になります。これがなにかの構図に似ていることは、もうお分かりかと思います。

小泉純一郎は「勝ち組」です。これに牽引される自民党も「勝ち組」になります。しかし、「小泉純一郎を登場させざるをえない自民党」は、なんでしょう？　これは、以前の例を引くならば、「〝勝ち組〟にはならないが、しかし〝負け組〟ともカウントされない、パッとしないままのその他」です。だから、牽引役としての小泉純一郎を求めたのです。「〝どうにもならない状態〟があり、それとは別に、〝勝ち組〟と呼ばれる者が出現する状況もあった」は、経済だけではなく、政治の世界にもあったのです。もちろん小泉純一郎は、「そのままでは決して自民党総裁になれなかった傍流の人」です。

そしてどうなるのか？　「郵政民営化」を叫ぶ小泉純一郎は、これに反対する勢力からの決別を仕掛けるために、二〇〇五年の夏に衆議院を解散するのです。

二〇〇五年夏の衆議院総選挙

小泉純一郎が決別を仕掛けた相手は、同じ自民党内の「郵政民営化反対派」です。これは、「〝勝ち組〟が、自分によっかかる〝負け組とはカウントされないだけのパッとしないその他派〟を切り捨てる」になるでしょう。だから、「そんなおもしろいことが始まったのか？」と、多くの人達は興奮します。興奮して、しかし、その内になんだか分からなくなります。どうしてかと言うと、解散によって始まる衆議院総選挙の「争点」となるものが、なんだか分からなくなるからです。つまり、「すごくおもしろいのになんだか分からない」です。

二〇〇五年夏の衆議院総選挙が、「争点ははっきりしているにもかかわらず、争点が分からない」という状態になってしまったのは、「争点が争点になれなかったから」です。もっと正確に言えば、「争点となるべきものが二つあったにもかかわらず、これを整理出来ずゴッチャにしてしまった結果、争点となるべきものが見えなくなった」です。だから、「戦う」という騒がしい事態だけが浮き上がって、「すごくおもしろいのになんだか分からない」になってしまったのです。

衆議院を解散した自民党総裁小泉純一郎にとって、「争点」ははっきりしていました。「郵政民営化、是か非か」です。「是」とするために、小泉純一郎は自党内の反対派を切って捨て、露骨なまでの選挙戦を始めたのですが、この小泉純一郎にとっての「敵」は、野党ではありません。自党の反対派です。だから、選挙戦は「自民党郵政民営化賛成派vs自民党郵政民営化反対派」になります。この反対派は、自民党を出て新党を作ったりもしましたから、その点では「郵政民営化賛成の自民党vs郵政民営化反対の野党」になりますが、これが「自民党内の対立」であることに違いはありません。これまでの自民党の中に党内対立はいくらでもありましたが、それがこうまで露骨になって、選挙の場で争われるなどということはありませんでした。時の自民党総裁が敵意を剝き出しにして、自党の反対派を切って捨てる。捨てられた方も、「負けてたまるか」と食ってかかる。人が「おもしろい」と思ったのは、その「戦い」がおもしろかったからです。

「勝ち組」と「改革」のねじれ方

「郵政民営化選挙」になってしまった――自民党総裁がそのようにしたかった二〇〇五年夏の衆議院総選挙は、「自民党の守旧派が切り捨てられて行く戦い」です。それがつまりは、「改革」でもありましょう。「郵政民営化こそが改革」という旗印が掲げられ、「郵政民営化反対の守旧派との対決」が歴然となるのですから、「改革＝守旧派の切り捨て」になるでしょう。分かりやすいと言えば、とても分かりやすい話です。ところがしかしで、そうなって来るところには、「それが本当の改革になるのか？」という疑問だって生まれます。もちろんこの「改革」は、「政治改革」あるいは「政治家改革」の方です。なぜか？　自民党の中には、「本当は郵政民営化に賛成ではないのだが、それを主張する総裁に従った方が〝自分の政治家としての今後〟には有利になる」とか、「本当は郵政民営化なんかどうでもいいのだが、それを主張する総裁に従った方がトクだ」と考える人達もいるからです。つまりは、「〝勝ち組〟にはならないが、しかし〝負け組〟ともカウントされない、パッとしないままのその他派」です。彼等は、「勝ち組」である総裁に従うことによって、見事に生き延びます。問題は、これが許されることかどうかです。

「郵政民営化反対」を言うのは「守旧派」ですが、「勝ち組」の総裁にぶら下がることによって「守旧派ではない」ということになった人達は、一体なんなのか？

「郵政民営化反対」を叫んで「守旧派」になった人達は、「切り捨てられた」という結果によって「負け組」になります。そして、「本当だったら〝負け組〟にカウントされてもいい〝パッとしないその他派〟」は、そのままです。またしても「日本」です。ここで「反省がない」などと言ってもしょうがないので言いませんが、やっぱり「反省がない」と言うべきでしょうか？　ここから先が「日本」の実態です。

普通の人は、「そんないい加減な人間達を切り捨てることこそが改革ではないか？」と思うかもしれないけれど、自民党総裁の小泉純一郎は、「改革とは、勝ち組にぶら下がるだけのいい加減派を切り捨てることだ」などと言ってはいません。彼にとっての「改革」は、「郵政民営化の実現」で、その他の「改革」は、なんだかはっきりしないものです。「はっきりしない」と言えば、「どこがはっきりしないんですか！」と怒るのが、「勝ち組」の自民党総裁＝内閣総理大臣の小泉純一郎です。だからこそそうなって、「もう一つの争点」は浮かび上がるのです。つまり、「勝ち組の独善を許してもいいのかどうか」です。「勝ち組」は独走して「独善」になります。それをよしとすればこそ、「本当だったら〝負け組〟にカウントされた方がいい人達」は、「勝ち組」にぶら下がって生き延びるのです。

論争はそこ——「勝ち組の独善は許されるのか？」で、起こってしかるべきです。そうでなければ、物事がはっきりしません。

小泉純一郎は、「改革をする、しなければならない！」と言う。しかし、「その〝改革〟とは、なんなのか？　いかなる改革がなされるべきなのか？」――これが一つ目の争点です。これはつまり、「郵政民営化だけが改革か？」ということを問うものです。もう一つの争点は、「その改革がなされるべきものだとして、それは、勝ち組総理小泉純一郎の言う通りのものであらねばならないのか？」です。これは、「郵政民営化が〝改革〟であるとして、それは小泉純一郎の主張するプランだけが〝正しい郵政民営化〟なのか？」ということです。

二〇〇五年夏の総選挙では、この二つの争点、あるいは二段階の争点があったのです。しかし、そういう争点からの論争は起こりませんでした。「勝ち組」の総理小泉純一郎が、「改革は郵政民営化である！　私の郵政民営化だけが、郵政民営化である！」と押し切ってしまったからです。

事態はこのようにややこしい

事態はどのようにややこしいのか？

話がややこしくなったのは、「その〝改革〟とは、なんなのか？　いかなる改革がなされるべきなのか？」の前に、実は、「〝改革〟というものは、なされるべきなのか、なされざるべきものなのか」という争点があったからです。しかし、その争点はありません。隠れてしまいました。どうしてかと言うと、「勝ち組」の総理も、自民党および旧自民党の郵政民営化反対派も、野党も、全員が揃って「改革はなされるべきだ」と選挙戦で訴えていたからです。

その訴え方は、「郵政民営化こそが改革だ」であり、「郵政民営化には反対だが、郵政改革はなされるべきだ」であり、「郵政民営化には反対だが、改革はなされるべきだ」です。争点はあるようですが、この争点は、「そこから論争を成り立たせるための争点」ではありません。「ここで論争を成り立たせないための争点」です。だから、論争ではない「怒鳴り合い」になります。

既に話は十分ややこしいのですが、なぜややこしいのかというと、各党・各勢力が、揃って「改革の必要」を訴えたからです。これはつまり、どこかに「改革の必要はない」と言う勢力があるということなのです。しかし、そういう前提はありません。全員が揃って、「改革は必要だ！」と叫んでいるのです。つまり、「それぞれの自己主張」だけがあって、この「自己主張」が「論争」という土俵やリングに上がらないのです。上がらないで、「自己主張の場外乱闘」だけを繰り広げて、「それが論争なのだ」ということになってしまったのです。つまりは、「不毛な論争」で「論争にならない怒鳴り合い」です。

なぜそうなったのか？　「どこにも〝改革は必要ない〟と主張する勢力がいないにもかかわらず、各党・各勢力が〝改革は必要だ〟と訴えたから」です。「二つの争点があったのに、これが整理出来ずゴッチャになって、争点となるべきものが見えなくなった」の原点は、ここにあります。

「二つの争点が一つになっている」は、基軸となる自民党総裁小泉純一郎の訴えの中に、既にあります。「郵政民営化こそが改革だ。私の郵政民営化案だけが、正しい郵政民営化案だ」という二段構えになっているところです。しかし、誰もそこを衝きません。「郵政民営化が改革であるにしろ、あなたの郵政民営化案だけが、正しい郵政民営化案だとは限らないでしょう」と言えば、ちゃんとした論争になるのに、そうはなりません。どうしてかと言えば、「私達だって郵政民営化には賛成だ、しかし、与党の言う郵政民営化案には反対だ」と訴える野党が存在しなかったからです。そういう野党がいて、初めて、「あの郵政民営化には反対だ。あの郵政民営化は改革ではない」とか、「郵政民営化には賛成だ。しかし、あの郵政民営化案には反対だ」という政策論争が成り立つのです。ところが、そういう形で与党に対立する野党はありませんでした。事態をややこしくさせる要因の一つは、ここにあります。

日本人の考える「二大政党制」はかなりおかしい

いつの頃からか、日本では「二大政党制」が言われて、そうなった時、日本人がとんでもない勘違いをしているらしいことがはっきりしてしまいました。少なくとも、私は「はっきりしてしまった」と考えるのですが、どうも、日本人はそう考えていないらしいのです。

日本人にとって、「二大政党制」というのは、「〝正反対のことを言う与党と野党〟の二大政党があって、それが政権交代を繰り返すこと」らしいのです。そんなことになったら、社会が不安定になってたまらないのですが、どうもそういうものだと考えているみたいです。だから、最大の野党・民主党以下、すべての野党は「郵政民営化には反対」と、律義にも「正しい野党のあり方」を実践したのです。「与党に反対しなければ、野党としての存在理由はない」と考えて、無理に「反対だ」の立場を取ってしまったら、「政策論争」なんて起こりません。「二大政党制の待望」は、「政策論争への待望」でもあったはずですが、「政策論争」が成り立たないから、それで野党は、再び「野党とは与党と正反対のことを言うべきものである」なんていう時代錯誤に戻ってしまったんでしょう。

民主党は初め、「郵政民営化賛成」の立場を取っていたんですよ。それが、「これでは自分達の存在理由が曖昧になる」とでも考えたらしくて、いつの間にか「郵政民営化反対」になってしまいました。だから、与党の総裁・小泉純一郎に「初めは郵政民営化賛成だったのに」と衝かれるのです。民主党の「郵政民営化反対」は、実は、「小泉純一郎の郵政民営化案には反対」なのです。ところが、そういう形での反対論議が、国会では出来なくなってしまった。それは、「勝ち組」である総理の独善・独走の結果であるはずなのですが、でも民主党は、そういう衝き方をしません。衝こうとしても、出来ませんでした。「なぜ出来なかったのか」は大問題であるはずですが、そういうことはあまり問題になりません。それで、「与党とは正反対の主張をするのが野党である」という、「日本的二大政党制」の方へ進んだんでしょう。

問題は、「我々だって郵政民営化には賛成だが、しかし、小泉純一郎の郵政民営化案には反対だ」という議論が、なぜ国会では出来なかったのかというところにあります。なぜか？　それは「〝改革〟というものは、なされるべきなのか、なされざるべきものなのか」という争点が隠されてしまったというところに関係しています。それこそが、「二十一世紀初頭の日本政治のややこしさの原点」と言うべきものでしょう。話を「事の順序」に従って始めることにしましょう。

事の順序

事の順序としては、①「改革そのものは、なされるべきか、否か」の議論があって、次に②「なにをもって〝改革〟とすべきか」の議論、そして最後に、③「出されたその改革案は、改革案に価するものか、しないものか」の議論があるべきなのです。実は、この「順序の話」自体がかなりへんてこりんなものではあるのですが、これが「日本の現実」なので、このままにして話を進めさせてください。

この①②③の順序で議論が進めば、議論は意味のあるものになるでしょう。しかし、日本の場合は、そうではないのです。①はありません、②もありません、まず③があります。いきなり③があって、「出されたその改革案は、改革案に価するものか、しないものか」という議論が始まるのです。「郵政民営化こそが改革だ。私の郵政民営化案だけが、正しい郵政民営化案だ」というのが、その典型です。

議論はいきなり③の段階から始まります。しかし困ったことに、この議論が「議論」として始まると、「改革案を提出した側」は、「そんな議論を始めるあんた達は、改革をする気がないのか！」と怒るのです。そうして、③の議論は①へと戻るのです。つまり、「改革そのものは、なされるべきか、否か」と。ところがそうなると不思議なことに、この答はもう決まっているのです――「改革はなされるべきである」と。

その議論がなされたわけでもないのに、なぜ「もう決まっている」になってしまうのかと言えば、「一番初めに改革を訴えたのは、〝改革〟を訴えることによって〝勝ち組〟になった者だけ」という事実があるからです。「改革」を訴えることによって、「勝ち組」は「勝ち組」となり、「そこに〝勝ち組〟がいる」という事実だけがクローズアップされて、「勝ち組」の訴えた「改革」自体は、どこかで棚上げになってしまうのです。

重要なのは、「勝ち組がいる」ということで、「改革をする」ではなかったのです。だから改めて、「改革はなされるべきか、否か」という話になると、慌てて「なされるべきである」になってしまうのです。つまりは、「〝改革〟を訴える〝勝ち組〟の登場によって、誰もが〝勝ち組〟にぶら下がるようになる」です。二〇〇五年の総選挙で、与党も野党も、全員が揃って「改革はなされるべきだ」と訴えていたのは、このためです。どこにも「改革なんかしなくていい！」と言う勢力はないにもかかわらず、それこそが最大の争点のようにして訴えられていたのは、きっと、それぞれの中に「内なる敵」がいたからなんでしょう。かくして、③→①へと戻った議論は、再び③へと戻るのです。つまり、③→①→③です。

議論は③へ戻りました。そして、そうなった時には、もう議論が変質しています。かつての、「出されたその改革案は、改革に価するものか、しないものか」という議論は、「勝ち組」の主導による「私の出した改革案を支持するのか、しないのか」に変わるのです。二〇〇五年の総選挙――そこへ至る前には、まさにそういうことになっていました。

なぜこの変質は起こるのでしょう？　それは、議論が①へ戻ったからです。「改革そのものは、なされるべきか、否か？――なされるべきである」がはっきりして、再び③へ戻った時には、もう結論が一つしかなくなっているのです。なぜかと言えば、そこにある改革案は、「勝ち組の出したもの」だけだからです。

いつの間にか、改革案は「勝ち組の出したもの一つ」になっているのです。かなり乱暴な展開ですが、しかしこの展開は、「乱暴な展開」だと思われません。なぜかと言うと、一番最初にあってしかるべき①の議論がなく、ないままに議論が③から①へ戻った時、「改革はなされるべきである」という結論が、「勝ち組」にぶら下がる形で、自動的に出されているからです。「勝ち組」の「勝ち組であること」は歴然としていて、そこに、「反対することによって〝負け組〟とジャッジされてしまう勢力」は、いないのです。「勝ち組」以外は、「勝ち組に賛同した派」になっていて、「勝ち組でもなく、負け組でもなく、なんでもないただの〝その他〟」も存在しなくて、すべてが「勝ち組」あるいは「準・勝ち組」になってしまうのです。「そうでなければ困る」と思うから、そうなってしまうのです。これが「勝ち組へのぶら下がり」で、このことによって、「勝ち組以外は、改革に関してなにも発言をしなかった」ということは、見事に隠れてしまうのです。

そうして「勝ち組」は、「たった一つの方向性」を獲得する

結果として「勝ち組」は、「非・勝ち組」の言論を封殺したことになります。「だって、あんたらは〝改革する〟なんて言わなかっただろう」と「勝ち組」に言われてしまえば、言われた方は自動的に、「勝ち組に反対した組＝負け組」へと転落してしまうのです。そうなりたくない者は、黙ります。だから、「勝ち組」は「私だけが〝改革〟を言った、私の改革案だけが

〝改革案〟だ」と主張出来るようになるのです。それで、議論が③→①→③と進む内に、議論の内容は、「私（＝勝ち組）の出した改革案を支持するのか、しないのか」に変わってしまうのです。

問題は、どこにあるのでしょう？　本来は①→②→③と進むべき議論が、③→①→③と進むことです。それともう一つ、あってしかるべき②の議論がないことです。「改革は、なされるべきか、否か」の議論がない。「なにをもって〝改革〟とすべきか」の議論もない。いきなり、「この改革案」という限定が来るのです。「事態の打開にはいろいろな方向性があるにもかかわらず、どうして現代では〝たった一つの方向性〟だけが浮かび上がってしまうのか」というのは、これです。

「その議論」が存在しないわけ

なぜそうなるのか？　理由は、「勝ち組出現の経緯」にあります。「勝ち組は、日本経済の中から現れたのではなく、日本経済の外から現れた」ということを、思い出してください。そういう仕組みだからこそ、「日本経済そのものが〝負け組〟になる」というとんでもないことにもなるのです。

日本の場合、「その中」からは、現状を覆す者が現れにくいのです。既に完成されたシステムがあって、そこには「システムを構成する人間達の利権」が存在してしまっているからです。これが「覆せない原因」です。そのように、日本の社会は「もう完成されている」になっているのです。完成されているから、修理がしにくい――「修理をする」となったら、一挙に「壊れる」というところまで行ってしまう。日本社会は、そのように完成しているのです。

だから、「勝ち組」は出現しにくい。そして、一度出現して「勝ち組」と位置付けられてしまうと、「勝ち組の出現」を拒んでいたシステムは、今度は一転して、「勝ち組」をリーダーのように扱うのです。

「勝ち組」は、決してリーダーではないのです。そう簡単に、「勝ち組の出現を拒んでいた既成のシステム」が、「勝ち組」を許容するわけはありません。だから、リーダーにはせずに、「勝ち組」にぶら下がるのです。「リーダーのように」とは、このことです。そのようにして、「勝ち組ではないが、〝負け組〟ともジャッジされない」の「その他派」は、自分達のシステムの中で得られる既得権益を守るのです。

だから、「改革は、なされるべきか、否か」という議論は起こりません。「改革」というのは、そのシステムに依存する人間達の既得権益を奪うことになるものだからです。そういう前提があるのだから、「なにをもって〝改革〟とすべきか」の議論も起こりません。そもそも、「改革などというものはなくてもいい」というのが、「日本」というシステムの中にあるからです。

では、「改革をすれば自分達の既得権益が損なわれる。しかし、このままではどうにもならない。自分達の既得権益は減少し続けている」という事態になった時には、どうするのか？「自分達はなにもしないが、誰かがなんとかするべきだ」ということになります。「牽引役としての勝ち組の登場」は、このような形で期待されるのです。既に「勝ち組の暴走」は十分に予想されることです。

「勝ち組」の扱われ方

「勝ち組」は登場します。「勝ち組」に必要なのは、「〝勝ち組〟として登場した」という、その事実だけです。日本の会社では、「まず結果を出せ」ということがよく言われますが、重要なのは「結果」なのです。だから、「勝ち組・負け組」というジャッジもあるのです。初めに言いましたように、これは「結果による二分法」なのです。

「まず結果を出せ」があります。そして、「結果」を出します。それでどうなるかと言うと、ただ「ご苦労さん」と言われるだけです――それが、「乱世」ならぬ常の世の日本のあり方です。なぜかと言えば、「まず結果を出せ」は、「そうしなければスタートラインにつかせてやらないぞ」だからです。「ご苦労さん」と言われて、スタートラインにつかせてもらえる――常の世の日本では、バンバンザイのあり方です。だから、結果を出して「勝ち組」と認証された時、「勝ち組」はリーダーになんかなれません。ただの「このシステムの立派な一員」です。やっとそうなれたのが、「栄誉」なのです。だから、「キミもうここの一員なんだから、頑張って、みんなを引っ張って行ってくれ給え」です。「勝ち組＝牽引役」というのは、こういうあり方をすることで、「みんな」というのは、「勝ち組が率いていた部下」なんかではなくて、「勝ち組が一員となったシステムの人間達」です。つまり、「みんなを引っ張って行ってくれ」とは、「我々を引っ張って行ってくれ」なのです。完成されてしまった既成のシステムは、「もう完成されている」ということによって、楽をすることしか考えないのです。

なんだか、『上司は思いつきでものを言う』の続篇みたいになってしまいましたが、常の世の場合は、そのように「システムの一員」となって、後は「時の経過と共に自分の地位が上昇するのを待つだけ」です。「常の世」とは、待っていれば自分の地位が上がる世界で、「乱世」というのは、待っているだけではいいことがない、そのシステムが破綻しかかっている世界です。

「常の世」では、誰もが「結果」を出せます。誰もが「それなりの結果」を出せるのが、「常の世」です。しかし、乱世はその逆です。誰にも「結果」が出せないのです。「結果を出す」が困難になっているから、そこで「結果」を出してしまうと、「勝ち組」になれるのです。

だからどうなるのか？　「勝ち組」になり、「牽引役」になった人間は、簡単に脅しが出来るようになるのです。「オレ、もう牽引役なんかやらないよ」——ただこれだけを言えばいいのです。

牽引役がいなかったら、そのシステムが破綻します。それが「乱世」です。だから、「牽引役」にさせられた「勝ち組」は、簡単に独裁者になれるのです。

「勝ち組」にとっては、独裁者になることより「勝ち組」であり続ける方が難しい

そういうことになると、話は簡単になります。「簡単に独裁者になってしまうような〝勝ち組〟を登場させなければいい」という、いとも短絡した結論です。今までの私の話だと、どうしても「勝ち組＝悪者」のイメージがつきまといます。しかし、これが短絡して意味のない結論だということは、もうお分かりでしょう。既に現実は、「勝ち組が登場しないとどうにもならない」というところへまで行ってしまっているのです。「勝ち組が登場する」ということは、「まだこの行き詰まった現実にはなんらかの可能性が残されている」ということで、「勝ち組を登場させない、登場しない」というのは、そのわずかな可能性さえをも潰してしまうということなのです。「〝悪い勝ち組〟なんか登場させなければいい」というのは、これもまた実のところ、「〝勝ち組〟にぶら下がっていればいい」を生み出す、「他人になんとかしてもらいたい」という発想の一種でしかないのです。

そして、何度も言うように、「勝ち組」というジャッジは、「結果による判定」なのです。「今までは〝勝ち組〟だった。しかし、この先も同じように〝勝ち組〟でいられるかどうかは、分からない」という危うさが、「勝ち組」にはあるのです。「勝ち組は簡単に独裁者になれる」――これは事実なのですが、「勝ち組」が、独裁者になれる時まで「勝ち組」でいられるかどうかは、分からないのです。そして、独裁者になった「勝ち組」が、その時もまだ「勝ち組」のままでいられるのかどうかも、分からないのです。

「勝ち組」は簡単に独裁者になれますが、その「勝ち組」はまた、「任期の終わりごとに成績を判定され、成績次第ではクビになってしまうサラリーマン社長」と似たような性格を持つものでもあるのです。

「勝ち組」のいる世界には、たった一つの方向性しかない

でも、「勝ち組」は暴走します。暴走は許されています。「暴走したいか、したくないか」ではなくて、「勝ち組」が存在するシステムには、「勝ち組が暴走を可能にするシステム」が存在しているのです。だから、「勝ち組」は独裁者になります。あまりにもありふれた展開なので、ここで「独裁者登場の危機」や「独裁者の恐怖」を語ってもしょうがないと、私は思います。

それは、「二十世紀の話」でしかないのです。

二十世紀の間にはっきりして、今でもまだはっきりしていることは、「独裁者はシステム破綻の危機に瀕した時に登場する」です。危機に瀕さなければ、独裁者は登場しないのです。だからなんなのか？　独裁者が登場するまで、「自分達の生きるシステムは危機に瀕している」と気がつかないでいるのは、愚かだということです。「危機に瀕している」は、独裁者が登場してくれなくても分かります。そして、独裁者が登場したって、「システムの危機」は回避されないのです。「独裁者の登場＝システムの危機」ではなくて、システムの危機は、ただシステムの危機なのです。

「システムの危機」とは、「たった一つの方向性」しか持てなくなってしまっていることで、「勝ち組を独裁者にしてこの現実を更にややこしいものにしてしまうことを回避する方法」は、「たった一つしか方向性のない世界」を、「複数の方向性を持つ世界」に変えて行くだけなのです。それが「システムからの脱出」で、そもそも、「世界」というものはもっと不便なものなのです。

いろいろなものが錯綜していて、それゆえにこそ不便な「世界」がある。だから、「これを整理してシステム化すれば便利になる」と思う。システム化すれば、方向性はどんどん「一つ」に近づいて行く。なぜかと言えば、それこそが「便利なあり方」だからです。誰にとって便利かと言えば、それはもちろん、「システムにとって」で、「システム化を実現させて行く人にとって」です。それが、「システムを利用する人」にとって便利かどうかは分かりません。それを「不便」と言えば、その人達はシステムから遠ざけられてしまう——それが「推進されるシステム化の究極の姿」で、「システム化」というものは、そういう方向を目指すものなのだから、仕方がありません。

「便利」が加速すれば、破綻は近づく——人は普通こんなことを考えませんが、実はそうなのです。

「乱世」というのは、「破綻しかかったシステムの中で生きること」なのか？　それとも「破綻しかかったシステムの外に出ること」なのか？　「システムの外に出たら、どうしたらいいか分からない」——そういう不安があって、だからこそ「不安を感じさせる乱世」の存在を思いがちなのですが、「勝ち組」が輩出する「今＝乱世」であるならば、「乱世」とは、「破綻しかかったシステムの中で生きること」で、「破綻しかかったシステムを守る方向で生きること」なのです。「なんとも無駄な生き方だ」と、私なんかには思えて仕方がありません。

第三章　悲しき経済

1　経済とはなにか

「経済」とはなにか

ここからは、たった一つの方向性しか持たない「経済」というものの悲しさです。

今の経済には、「一つの方向性」しかありません。つまり、「利潤を得る」です。だから、「たった一つの方向性しか持たない経済」になるのですが、しかしだからと言って、「経済＝利潤を得るもの」ではありません。経済とは、「ただ循環すること」です。昔、「経済ってなんだ？」と思っていた時、誰かが「経済とは循環することである」と言っているのを聞いて、「あ、そうか」と分かりました。

経済とは、「ただ循環すること」で、そういう大雑把なものの中で「利潤を得る」の部分だけがクローズアップされてしまった――そういう「たった一つの方向性」ばかりが強調された結果、今の世界経済は苦しいことになっているのだろう、そして、それに連なる我々の生き方だって、どこかで苦しくなっているのだろうと、私は思っているのです。

というわけで、まずは「経済とはなにか」――つまり、「経済とは、ただ循環することである」という、いたって大雑把で哲学的でもある、「あ、そうか」の解明からです。

「経済」とは、ただ「循環すること」である

私の手許の辞書で「経済」という項目を引くと、こう書いてあります――「物資の生産・流通・交換・分配とその消費・蓄積の全過程、およびその中で営まれる社会的諸関係の総体」

こう書かれて、「なるほど、経済とはそういうものか」と分かる人がどれほどいるのかは知りません。こういう書かれ方をして「なるほど」と思える人は、そもそも「経済とはどういうものか」が分かっているのです。分かっていて、それを「五十字以内で短くまとめなさい」ということになると、「うーん……」となってしまうような人達だけが、この説明で、「あ、そうか、なるほど」と思えるのです。

辞書とは、そもそもそういうあり方をするもので、「経済が分からないから、辞書を引いて〝経済〟ってなんだか調べよう」と思っても、前記のような説明にしか出合わないのです。だからもちろん、昔の私も辞書の説明を見て、「なんのことだ?」と首をかしげました。しかし、経済とは「ただ循環すること」なのです。そう思ってみると、辞書にある難解な説明も、なんとなく分かってしまうのです。

「物資の生産・流通・交換・分配とその消費・蓄積の全過程、およびその中で営まれる社会的

諸関係の総体」という説明のどこにも、「お金」とか「マネー」に類する言葉は出て来ません。だから分かりにくいのですが、それは、こっちが勝手に、「経済って、お金に関係することだろ？」と思い込んでいるからです。「お金」は経済の一局面でしかない。だから、この説明の中には、「お金」も「マネー」も登場しないのです。

「経済」は、まず「物資の生産・流通・交換・分配」で、「その消費・蓄積」だと言います。ところどころ分からないのですが、なんとなく分かります。「物が工場で作られ、トラックに乗せられ、流通されて、消費者のところに届く」――ここに「消費者は金を払って、その金は生産者のところに届く」と付け加えると、なにかは回っているような気がします。つまり「循環している」です。「分からない」と思うのは、そのプロセスの中に、「交換」とか「分配」というものが入っていることです。

「じゃ、これやるから、なんかちょうだいよ」も経済で、「これ、みんなで勝手に分けてもいいの？」というのも経済なのか？――と思いますが、「お金は経済の一局面でしかない」ということにすれば、お金を介在させない、「これやるから、なんかちょうだいよ」も「みんなで勝手に分けてもいいの？」も、経済です。となると、「これいらないから、やるよ」だって、経済です。「そんなことでいいのか？」と思って、「経済とは循環することである」という魔法の呪文を思い出すと、「やるよ」も「ちょうだい」も「分ける」も、なにかが回っているようには思えます。「お金」という考え方を捨てると、なにかは回っていて、「きっと回ってるんだ。その先がどこへ行ってどうなるのかは知らないが、きっと回ってるんだろう」と考えれば、「なるほど、経済とはこういうことか」というのが、なんとなく分かります。「なにをどう分かったんだ」と言われても困りますが、「経済とはただ循環することである」ということだけは、なんとなく感じられて来るのです。

「ほんとに、そんなになんとなくだけでいいのかな?」と、一応は思います。思って、もう一度「経済」の説明を見ると、「物資の生産・流通・交換・分配とその消費・蓄積の全過程」とあって、「およびその中で営まれる社会的諸関係の総体」とあります。「全過程」は、ちょっと分かんないですね。でも、きっと回ってるんですね。「〝全過程〟は分かんないけど、それはきっと回ってるんだな」と思うと、「経済とはただ循環することである」というのが、なんだか実感として迫って来てしまいます。おまけに、「その中で営まれる社会的諸関係」も経済です。もう、なんでもありのような気がして来ました。「そんな大雑把なことでいいのかな?」と思うと、だめ押し的に「諸関係の総体」と来ます。「そうか、やっぱり〝お金〟ということに縛られてるから、その広大なる〝経済〟の全体が分かんないでいたんだな」と、考えるしかありません。「経済」は、「グルグルと回っていること」なのです。

「諸関係」も、「総体」としてはグルグルと回っているのです——そう考えると、「人間関係がくっついたり離れたりする現実社会」というのが、なんとなくヴィヴィッドに迫って来るような気がします。「そうか、経済って、そういう〝流れ〟の中にあって、流れそのもののあり方なんだな」と思うと、そう考えることが「経済」なのです。

まァ、なんだか分かりませんが、たった一つはっきりしたことはあって、それは、「経済とは〝お金のこと〟ではなくて、ただグルグル回ることなんだ。そういう風に考えないと、経済は分からないんだ」という、そのことです。

ヴァレンタインデーの経済

たとえば、「ヴァレンタインデー」です。ヴァレンタインデーになると「ヴァレンタイン商戦」というものが展開されます――「展開される」と、経済ニュースは報じます。女はチョコレートを買って、男へ贈ります。女がチョコレートを買った金は、チョコレートのメーカーへ渡ります。チョコレートが金に変わり、金はチョコレートメーカーへ戻りますが、もちろん、その途中の「チョコレートを運ぶ」や「チョコレートを売る」という「流通」の部分へも回ります。チョコレートの材料となるものを売ったところにも、その代価はメーカーから回ります。

そして、ヴァレンタインデーが過ぎると、チョコレートを贈られた男は、「お返し」として、贈った女になにがしかの物品を贈ります。「ホワイトデー」と言われるものです。それは「チョコレートが求められ、作られ、売られ、利益が生産者に還流される」という大きな一つのサイクルだけではなくて、そこから派生するいくつものサイクルの循環を生み出します。もちろん、そこには「男と女の欲望関係」というサイクルだってあるわけですが。

その昔は、「ホワイトデー」なんてありませんでした。チョコレートメーカー以外の製菓業者が、「なんでチョコレートだけがある一日に特別に売れて、我々にはその恩恵がないんだ?」と思って、「お返しにはマシュマロを」とか「お返しにはクッキーを」とかを言い始めたのです。その結果、「ホワイトデー」なるものが登場したのです。私は、「ホワイトデー」なるものが存在しなかった昔にチョコレートをもらっていた男なので、「ヴァレンタインデーのお返しなんてものはまやかしだ」と思って、そんなことをしたことがありませんが、どうやら「お返し」の習慣は、定着するところには定着したようです。だからこそ、「ヴァレンタインデーPART2」であるホワイトデーも含めて、「ヴァレンタインデー商戦」という現在のくくりはあるのです。

「どうせそうだろうな」と昔の私が思ったように、日本の女はマシュマロなんかもらってもそんなに嬉しくなかったらしく、「ホワイトデーに贈られるべき物」はその後にどんどん種類を変え、「ホワイトデー=おねだりデー」となって、商品経済に貢献しています。「ヴァレンタインデーに贈られる物」も、「チョコレート単一」から「チョコレート+α」になって、おかげで「ヴァレンタイン商戦の経済効果」や「規模」はどんどん拡大されて行ったのです。

そのそもそもの始まりは、「年に一度、ヴァレンタインデーには、女性の方から愛の告白をしてもいい」という、どこの誰が決めたのか分からない「女は自分から愛の告白なんかしてはいけない」という禁忌を前提にした習慣が日本に持ち込まれてのことですが、日本ではこれが更に、「別に愛しているわけでもないけど、〝愛情はある〟ということにしとかないと不満そうな顔をする周囲の男達との関係宥和《ゆうわ》のために」という独自の展開をして、「義理チョコ」という習慣も生まれます。「愛情」を超えて「義理」になってしまった段階で、ヴァレンタインデーは「商戦」として確立されてしまうわけですが、こういう話が、普通は「経済」だと思われています。ところでしかし、「経済」とは、「その中で営まれる社会的諸関係の総体」なのです。「物が動くことによって金も動く」だけが経済ではないのです。だから、「ヴァレンタインデーの経済」では、物や金だけではなく、別のものも動きます。その「別のもの」も含めての「経済」なのです。

創成期における日本のヴァレンタインデー

ヴァレンタインデーで回る「物やお金ではない別のもの」とは、すなわち「感情」です。

私が中学生だった昔、「女の子向け雑誌」で「ヴァレンタインデーのいかなるものか」ということが紹介されました。それは、日本で「ヴァレンタインデー」なるものが広められる初めとなる、画期的な創成期のことです。二月十四日の前日、クラスの女の子達が揃って私のところにやって来て（傍点筆者）、「明日チョコレートあげるね」と言いました（それは「私のところ」ではありますが、もう少し正直に言えば、「私のいたところ」には、もう二人ばかり男子がいました。まァ、そういう些細なことは、知らなかったことにしておいてくれるとありがたいのですが）。

私は、「明日チョコレートあげるね」がなにを意味することなのかを知っていたので、喜んで「うん」と言いました。言ってから、少し複雑な気分になりました。なぜかと言うと、私の家がチョコレートを売っている菓子屋だったからです。つまり、「菓子屋の子供がチョコレートもらってもしょうがないしな……」という思いです。

もちろん私は、「ヴァレンタインデーだから、我が家の売上がアップする」なんて思いません。なにしろ、そこの経営者である我が祖父は、ヴァレンタインデーなんてものを知らないからです。祖父だけではなく、大人は誰も知りません。菓子屋の人間がそういうことを知るのは、メーカーとか菓子屋の組合みたいなところから、「ヴァレンタインデーにはチョコレートを」というようなキャンペーンのポスターが送られて来てからのことですが、そんなポスターは送られて来ませんでした。「ヴァレンタインデーはチョコレートメーカーが仕掛けた」という歴史秘話みたいなものもありますが、私なんかは、「それはきっと局地的なものだろう」と思っています。当時の産業界には、俗な少女雑誌に載っているような話題をそのまま取り上げる姿勢なんかはなかったのです。だから、下らない少女雑誌を見て、「外国の話題＝おしゃれなこと＝私達も真似しよう」と思うような女子中学生ならともかく、そこからちょっと離れると、誰もそんなことを知らないのです。だから、高校に行った私は、同級生の女の子が「ヴァレンタインデー」を知らないでいることにショックを受けるのです——「だから進学校の女はやだな」だったか、「やっぱりこの高校はダサイんだ」だったか、どっちかは忘れましたが。

かくして、ミーハーな女子中学生が成長して社会人になるまで、日本社会は「ヴァレンタインデーにはチョコレートを贈る」という習慣を定着させぬまま、数年を過ごすのです。誰もそんなことを言わないし、こういう書き方をしているから「ふざけた話」と思うかもしれませんが、これは、「ヴァレンタインデーの創成期」をリアルタイムで生きた人間の話だから、本当のことなのです。

中学生の私は、「〝ヴァレンタインデーというものがある〟ということをアピールすれば、ウチだってチョコレートが売れるのにな」とか、「ウチだって外国風におしゃれになるのにな」なんてことを考えていたのですが、そんなことがウチのジーさんに受け入れられるわけもなく——という状態にいたのです。その点で、当時の私の頭のレベルは、ミーハーな女子中学生といい勝負だったわけですが、もちろん、ここまでは「話のマクラ」です。

経済と「人間的な実質」について

私は、「ヴァレンタインデーで儲けられるかもしれないのに……」と考える菓子屋の子供です。そして、その私は、チョコレートをもらうのです。一体、私にチョコレートをくれた彼女達は、そのチョコレートをどこで買ったのか？　女の子達がくれたのは、どこの菓子屋でも売っている普通のチョコレートですが、買ったのは私の家ではありません。「もしかしたら、ウチに買いに来るかな」と思って、私はその前日に店番をしていましたから、私の家でないことは確かなのです（この話はそういう実証に基づいています）。

それで私は、「自分の家の店でも売っているものをよその店で買われ、それをもらって嬉しそうに食っている菓子屋の子供」という、へんてこりんなものになったのです。

当時の商人の感覚で行けば、「自分の家で売ってるようなものを、よその店で買われて、それを人にもらって食って、なにが嬉しいか？」になります。また、もらったものの中には、たまたま「自分の家では扱っていないメーカーのもの」もあったので、見方を変えれば、「菓子屋の子が、自分の家で売っていないものを食うなんていう不経済なことをしてどうするんだ？食いたきゃ自分の家のもので間に合わせとけ」ということにもなります。これが、私の原初的なヴァレンタインデーです。
だからなんなのか？　別にこの話が、「その後の日本人はバカげた中学生みたいなものになって、おかげで〝ヴァレンタイン商戦〟などという下らない騒ぎが起きる」と続くわけではありません。「続けてやってもいいんだぞ」という気が私の中にないわけでもないというのは、私の記憶の中に、「ヴァレンタインデーって知ってる？」と言った時に、「知らない、そんなの」と言って、「なにへんなこと言ってんの？　バカじゃないのこの子？」という表情を見せた高校の同級生の女の顔が残っているからです。「あのバカは、そのまんまヴァレンタインデーを知らずに生きてったのか？　そんなことねーだろーが」という私怨を放置すると、そういうとんでもない続き方をしますが、ここで私が続けたいことは、「ヴァレンタインデーで回るのは物やお金だけではなくて、〝感情〟というものも回る」という、そのことです（余分な話ばっかりしてるから、ちっともそっちに進みゃしない……）。

再び、経済と「人間的な実質」について

今まで私が言ったのは、「中学生の時のヴァレンタインデーには、経済的な意味がゼロだった」ということではありません。「自分の家の商品は売れず、自分は無意味なものをもらった」ということにしてしまえば、これは「経済になることを失敗した無意味」になってしまうかもしれませんが、でも、「経済」というのは「物や金が回ること」ではないのです。だからこそ、「その中で営まれる社会的諸関係の総体」という難解な付け足しもあるのです。

「ホワイトデー」などという習慣の存在しなかった昔で、私はお返しなんかしません。それこそ、なんにもしません。ただ「ありがと」と言って、その後で「ふふふ……」と一人で笑って、「家にあるじゃないか」と言われるチョコレートを食って、終わりです。女の子達も、別になにかを求めるわけではありません。「あげるね」と言って、嬉しそうに「はい」と言って渡して、ただそれだけです。次の日に学校で会って、また「ふふふ……」と言って、そしてその後も豊かに穏やかに、中学生としての日々は続いて行ったというだけの話です。今時の小学生よりも、もっと子供です。もちろん、「ヴァレンタインデーにはチョコレートを贈る」なんてことを、一般の日本人は知りませんから、「その日に限ってチョコレートが爆発的に売れる」ということも起こりません。なにも起こらず、なにも回ってはいないはずなのですが、でもたった一つ、「感情」が回っています。「感情」が回って、その後の日常は豊かになったのです。これこそが「経済」で、「経済」の中核をなすものなのです。

「あげるね」「うん」「はい」「ありがと」、そして、「ふふふ……」です。「ふふふ……」は、あげた方ももらった方も同じです。そういう「感情が回る」があって、更にその先はどうなったのか？　ここでそういうことを思い出して、「あの頃は幸福だったなァ……」と書いているのです。ついでに言えば、チョコレートをくれた女の子の一人は、「オサムちゃんちで買おうかなと思ったんだけど、でもやめたの」と言いました。この微妙さが、「経済の本質」を語っています。「あなたの家でチョコレートを買うことは、あなたの家の売上に貢献することにはなるけれど、でも、これはそういうものではないから」というのがあって、私は、「自分の家でも売っているようなものを食べる」なのです。

経済が「物や金の流れ」なら、「自分の店の売上を減らし、他人の店の売上を増やした結果のものをもらって喜んでいる」というのは、「経済の原則を無視したバカげたこと」です。私は「経済の流れ」からはずれたところにいます。そういうことは分かっています。だから、「〝自分の家の店でも売っているものをよその店で買われ、それをもらって嬉しそうに食っている菓子屋の子供〟という、へんてこりんなものになった」と、言っているのです。しかし、ここでは「物や金が動く」という行為とは別に、そして、「物や金が動く」という行為と連動して、明らかになにかが回っているのです。それは、「生きることが幸福でありたい」という感情です。これこそが、経済という人間行為の本質を示すものではなかろうかと、私は思うのです。

「人と人との間に感情が循環することによって、幸福な現実が生まれる。それが一人の人間の人格形成に大きく関与する。そしてその人間は、〝経済というものは金銭的な損得とは別のものである〟ということも知る」――こんな素敵な「経済」はないと思います。しかもこれは、「物資の生産・流通・交換・分配とその消費・蓄積の全過程、およびその中で営まれる社会的諸関係の総体」という難しい意味に、きちんとのっとっているのです。「チョコレートの生産・流通・交換・分配の過程」を踏まえていて、「その中で営まれる社会的諸関係の総体」と、見事に合致しています。自分で言うのもなんですが、これはいたって高度な「精神的経済活動」なのです。

「ガキみたいな中学生がただくすぐったそうに笑ってることのどこが、〝社会的諸関係〟なんだ？」と言われたら、「立派に〝社会的諸関係〟じゃないか」と、私は言います。

「男女の関係は、社会的な関係ではなく、個人的な関係だ」ということは、「それがヴァレンタイン商戦を成立させてしまう」という段階で、既に否定されています。「男女の関係」も、経済のレベルでは、もう「社会的諸関係」です。そして、「ガキみたいな中学生がくすぐったそうに笑って幸福になっている」は、そんな「男女の関係」から少しはずれた、「社会的諸関係」です。これは、「義理のレベルを超えた高度な義理チョコ」みたいなもんだからです。

そういうことになれば、「並の男女の関係」を超えて「チョコレートの生産・販売・消費」に大きく貢献してしまった「義理チョコ」は、歴然とした「社会的諸関係」ではありませんか。そうでしょう？　それは、「チョコレートの生産・販売・消費を促進する社会的諸関係の一つ」

でしかないのです。もらう方がどう考えているのかは知りませんが、「だって、うるさいんだもん」と言いながら義理チョコを買っている側の人間にとって、それはまさしく、「チョコレートの生産・販売・消費を促進することになってしまう社会的諸関係の一つ」でしかないのです。だから、社内外で義理チョコの贈呈が行われて、女子社員達が「あ、あの人に贈るの忘れた、どうしよう」などという騒ぎ方をしているのを見た女性上司が、「もう、そういうバカげたことはやめなさい！」と言って「義理チョコ禁止令」を出したら、これはもう立派な「経済政策の発動」になるのです。

経済というのは、そういう人間的な土台から生まれる「諸々のこと」――つまり「社会的諸関係の総体」なのです。そのようにして「経済」はあって、そのように考えたからこそ、「経済」というものは存在し、まだ存在しているのです。

人間的である経済

私が手許に置いている辞書は『大辞林』というもので、ここに書いてある「物資の生産・流通」云々は、実は「英語のECONOMYの訳語としての〝経済〟」に関する意味説明です。「経済」という単語は、明治の近代になって入って来た「ECONOMY」の訳語として作られたのです。そして、その「経済」という言葉は、それ以前にあった四字熟語「経世済民《けいせいさいみん》」の短縮形なのです。「経済」の語を説明する『大辞林』は、そのことをまず最初に置きます。そして、「経世済民」というのがなにかを、「経済」の語の「二つ目の意味」として説明するのです。「経世済民」とは、「世を治め、民の生活を安定させること」――つまりは「民政」です。それは、「〝国民の利益・幸福を図る〟ということをする、政治の一部門」なのです。こういう考え方が近代以前にあって、そこに「ECONOMY」がやって来た。だから「ECONOMY」は、「経世済民」という大概念の中に「経済」として位置付けられたのです。

ということは、どういうことなのか？　だったら、「我々が幸福であるようなあり方を模索する」が、イコール「経済」であってもいいのです。そして、「経済」とは、「その具体的な方策の一つ」であってしかるべきものなのです。

日本人にとっての「経済」

「経世済民」という大概念の中の「経済」が、「具体的な方策の一つ」でもあるということを、『大辞林』は、「経済」の「三つ目の意味」として登場させます。それが「金銭の出入りに関すること」という説明です。そして、「金銭の出入り」は「苦労すること」でもあるので、これは、「遣《や》り繰《く》り」という意味にもなります。そしてそうなって、この次には、うっかりすると忘れられがちな「経済の四つ目の意味」が登場します。『大辞林』ではそれを、「費用や手間が少なくてすむこと」としています。

「経済＝費用や手間が少なくてすむこと」とはどういうことか？　たとえばそれは、「そいつは経済だ」という使われ方をします。「そいつは経済だ」とは、「そいつは手間がかからなくてすむ」の意味です。「経済」には、「あまり浪費しない」という意味もちゃんとあるのです。そして、この「経済＝あまり浪費しない」の使われ方は、日本語の方では死語のようになりつつあるのですが、本家の英語ではまだ十分以上に生きています。つまり「エコノミー・クラス」の「エコノミー＝経済」です。「エコノミー・カー」という言葉もありますね。「経済＝あまり浪費しない」は、こちらではちゃんと生きているのです。

　でも今時の日本人は、「そいつは経済だ」なんてことを言いません。そんな言い方をしません。日本人は、「経済」にそういう意味もあることを忘れてしまったのかというと、さにあらずで、その意味は、「反対語」の形でまだ生きています。つまり、「そいつは不経済だ」という使い方です。「なんて不経済なんだ」とは、すなわち「もったいない」です。「経済＝あまり浪費しない」は、「不経済」という使われ方をする時にだけ、ちゃんとした本来の意味を発揮するのです。

「経済」には、そして「経済」という言葉には、これだけの広がりがあるのです。「利潤を得る」は、その広がりの中にある、「経済の一局面」なのです。でも日本人は、どうもそのことを忘れているみたいです。だから、「経済＝あまり浪費しない」を忘れて、「不経済＝損をする」という使い方ばかりを残しているのです。それで行くと、「経済」とは、「どんどん消費させる」で、そのことによって「景気を活性化させる」で、そして「損をしない」を明確にさせることになってしまいます。日本人は、「経済」という言葉を、もうそのような形でしか使わなくなっているのです。つまり、「どんどん消費を拡大させ、利潤を上げ、そして損をしない」という、企業体のあり方に沿った形でしか、「経済」は存在しなくなっているということです。

だからなんなのか？　一体、なんだって「経済とはなにか？」なんてことをやらなければならないのか？　その理由は、前章の後半で説明したはずです。

議論というのは、①→②→③の順序で進んで行かなければならないのです。それをさぼって、③→①→③と進めてしまうと、「二つの争点が一つになった、なにがなんだか分からない事態」になってしまうのです。今やそれが当たり前になってしまっているので、その混乱を避けるために、「たった一つの方向性しか持たなくなっている経済の悲しさ」を語る私は、「経済とはなにか」という大原則をまず持ち出したのです。

「経済」は、別に「金儲けのこと」ではなく、「損得の計算」でもなく、そういう一局面も持った「人間のあり方全体」にかかわることなのです。

2　誰かが考えてくれる経済

経済が「難しいもの」になってしまう理由

「経済」とは、「ただ循環すること」で、その「循環」にはいろんな質のものがあります。だから、経済とは「人間的なもの」なのですが、そう言って私は、「経済とはこのように分かりやすいものである」なんてことは言いません。「人間的なもの」というのには、「そう考えれば分かりやすくなるのかもしれないが、しかしそうなってしまうと、曖昧で抽象的でどう考えていいのか分からなくなる」という一面だってあるのです。だから私は、「経済というものは、一般に思われているものとはかなり違うものだ」としか言いません。「そう考えれば、〝経済というものはこの先どうあってしかるべきか〟が考えやすくなるだろう」と思うからです。

数字が並べられることだけが「経済」ではありません。それは、「経済の一局面」です。しかし、一般には、「それこそが経済だ」と思われています。つまる話が、「お金の話は難しい」です。そこには「損得」がからんで、損をすれば困難なことになるのは、決まっています。そして、経済の話が難しくなるのは、もう一つの要素がからむからです。もう一つの要素――それは「国家」です。

国家がからんで、経済が「世界情勢」というところにまで行ってしまうと、もう普通の頭では考えられなくなってしまいます。そして現在では、いともたやすく「世界情勢」というところへ行ってしまうのです。どうして「経済の話」になると、一挙に「世界情勢」とか「世界経済」というところへ行ってしまうのか？ それは、そこへ進む前の「国家」というところで、既に話が分かりにくくなっているからです。

「経世済民」を背景にする、日本の「経済」の特殊性

「国家の経済」とか「国家と経済」ということになると、もう分かりません。そんなに単純じゃありません。だから、「国家」と「経済」がからんだ話を持ち出されると、「なにが始まるんだ……」と身構えてしまいます。すると、話は一挙に「もう世界は一国の単位で考えられるべきではない」になってしまって、「世界情勢の話」です。「国家のする経済ってなんだ？」と考えているすきがないのです。だから、「うーん、分からない……」になってしまいますが、分からないのは、「世界情勢」や「世界の経済情勢」以前の「国家と経済のあり方」で、「国家経済＝日本経済」という方なのです。

なぜ分からないのか？ 「国家」が難しくて、「経済」が難しいからなのか？ そのように分

けて考えようとしても考えられないのは、日本では「経済」そのものが「国家のあり方」と重なってしまっているからです。

経済に「国家」がからむ、経済に「国家」が重なるというのは、日本では当たり前のことです。日本では「経済」というのが、政治の一局面である「民政」――「経世済民」から出ているからです。もちろんこれは、日本だけの特殊事情です。どうしてかと言えば、「経済」を訳語とする英語の「ECONOMY」には、そんな背景がないからです。近代の日本に「ECONOMY」という言葉が入って来た時、「これはなにを意味するのだ？ 日本語で考えるとなにになるんだ？」と考えて、「これは〝経世済民〟に近いものだから、〝経済〟でよろしかろう」ということになったのです。だから、「経済の背後には経世済民がある」というのは、日本だけの特殊事情で、「四字熟語の本場」である中国なんかは、まだ「鎖国する清朝」の時代だったから、「ECONOMY」という言葉を輸入する必要さえもなかったのです。

「自分の立場で考えられる経済」というものは、日本にはない

「経世済民」を背後に持つ日本の「経済」は、だから簡単に「国家が経済を指導する」や「国家が経済を考える」になってしまいます。「経済」という言葉自体が、「国家のすること」を前提にしてしまっているからです。「民間経済」は「民間の経済」という特別のもので、「経済」

の本筋は「国家の管轄するもの」なのです。だから、「経済」を論ずると「天下国家を論ずる」という大きな話になって、そうなるのが当然だから、話は一挙に「世界経済」というところへ行ってしまうのです。

日本で「経済」が難解になってしまうのは、これが「国家」とワンセットになっているからで、日本語の「経済」は「経済政策」と同義語のようなものにもなっているのです。だから、「そんなに国家の立場でものなんか考えたくない。〝自分の実感出来るような経済〟を考えたい」と思っても、そういう選択肢はないのです。だから、「ヴァレンタインデーで幸福になった愚かな中学生の話」は、「経済」だと思われないのです。

「経済」を考えようとすると、そこに「国家」という余分なものが入り込む――つまり、経済を考えにくいものにしてしまう元凶は、「国家」という要素なのです。

国家が指導する経済と、国家が協力する経済

もちろん、「経世済民」を背後に持たず、ただ「ECONOMY」であるような英語圏では、「経済」と「経済の政策」は違います。国家は国家だし、経済活動をする者は経済活動をする者で、この二つは別々なのです。別々の二つのものが、時々は手を組んで一つになる、あるいはグルになる――これが、「ECONOMY」の本場である国々の、「国家と経済の関係」なの

です。だから、十九世紀や二十世紀前半の昔は、国家が貿易の背後で軍隊を構えて脅したり、経済活動をする者を助けるために、国家がよその国を「植民地」なんてものにしてしまいました。日本だってそういうことをやりましたが、しかし、違うのは「その後」です。

貿易が不振になったりすると、外国から元首や首脳がやって来て、「我が国の製品をよろしく」なんていうアピールをします。でも、日本の総理大臣は絶対にそんなことをしません。それは、「日本製品の輸出がおおむね順調だから」ではありません。日本の総理大臣が外国へ行ってそんなことをしたら、まず日本人が、「やめろよ」と言って笑います。どうしてかと言うと、それは日本人にとって、「社長がわざわざ営業の現場へ挨拶回りに行く」なのです。だから、外国のえらい人が来日して、笑顔を振りまきながら「我が国の製品の輸入をよろしく」なんてやっているのを見ると、「よくやるよなァ」と不思議がりました。

同じことを、日本の総理大臣に「やれ」なんて言いません。それは、「えらい人がそんなことをする必要はない、我々に任せておけばいい」と、経済活動の現場にいる日本人達が考えているからです。「社長は会社の中にいろ、現場に出て来たってなんの意味もない」です。そのような形での「協力」を、日本人は考えていなくて、「現場を知らないやつに〝協力〟なんて言われたって困る」と考えているのです。「社長のすること」は、「どっか知らないところで、なんかわけの分からないことを、えらい人同士でする」で、そうやって会社の方針はいつの間にか決まっているのだから、「社長と現場は関係ない」なのです。

つまり、日本人にとっての「経済」は、「国家が主導するもの」ではあっても、「国家が協力するもの」ではないのです。だから、貿易交渉ということになると、日本はおおむね、相手国に負けてしまうのです。

「ECONOMY」の本場である国々にとって、貿易交渉とは、「オレ達がお前達に代わって交渉してやる」なのです。「オレ達」が国家で、「お前達」が経済活動をする者です。つまり、そのような協力＝タッグがあるのです。ところが、日本は違います。貿易交渉を担当するのも官僚で、経済を主導するのも官僚です。どちらも、国家のすることです。「オレの面子《めんつ》に賭けて、この交渉に勝ってやる」はあって、しかしそれに負けてしまうと、「負けたから、その線でよろしく」です。「負けたかどうかは分からないが、こういうことになってしまったので、その線で納得して、今後もまた頑張りなさい」と、民間を主導しちゃうのです。

そうなって、当然日本人はブーブー言います。しかし、日本人は「経済＝国家のすること＝経済政策」であることを、根本で受け入れているのです。だからこそ、ブーブー言いながらも、なんとなく頑張ってしまうのです。日本という国のあり方はほとんど「会社国家」で、経済を主導する国は「会社の上層部」、経済活動を実践する民間会社は「現場の営業」なのです。もちろんこの上層部は、絶対に現場に顔なんか出しゃしませんが。

この人達が「経済」を難しくする

日本の経済は、国家主導で官僚主導で、一時はそのあり方を「護送船団方式」なんて風にも言われました。国家が主導して、民間がそれについて行くのです。東大に行って経済の勉強をして「高級官僚」と言われるようになった人達の知る、「これが経済だ」というあり方に従って、日本には「経済」があったのです。国家と経済は一つで、だからこそ、昔の大蔵省、今の財務省のトップ官僚は、東大の「経済学部」ならぬ「法学部」出身者ばかりなのです。

今やそれが壁にぶつかり、「国家主導の官僚主導は古い」です。そうなると、その先に溯って「東大だけじゃ古い」になって、「ハーバードで学んだ経済のあり方」が、日本の経済の中心になってしまうのです。

だから、経済というのは難解で、高級だと思われて数字と英語ばっかりが飛び交って、すぐに「こうするべきだ」の指示が飛んでしまうようなものになっているのです。

誰が「日本経済」をよくして、発展させていたのか?

確かに日本の経済は、国家主導で官僚主導ではありましたが、果たしてその指示・命令が正しかったかどうかは分かりません。指示が中途半端で観念的であっても、その指示を「受ける側」が優秀で、臨機応変の実際的能力の持ち主だったら、指示のいかんを問わず、「立派な成績」を上げてしまうかもしれないからです。

「世界に稀なる近代化の達成」と言われ、「奇跡に近い戦後復興」とも言われ、やがては「世界一の経済大国」と言われてしまう日本のその「経済成長」を達成したものは、なんなのか？「指示を出す命令側の〝官〟が優秀で、それを受ける現場の〝民〟も優秀だった」ということかもしれません。「指示を出す命令側の〝官〟はそんなに優秀でもなかったが、それを受ける現場の〝民〟が優秀だったから、なんとかなってしまった」なのかもしれません。しかし、たった一つはっきりしているのは、「指示を出す命令側の〝官〟は優秀だが、それを受ける現場の〝民〟の能力は低かった」ということになっていたら、「日本経済の発展」なんかはあるはずがなかったということです。

果たして、「優秀さ」の中心は、「官」にあったのか？「民」にあったのか？

答はどれなのか？その答を出すための「参考例」なら、もしかしてあるかもしれません。それは、一九八〇年代の後半になって歴然としてしまう、社会主義国家の没落です。冷戦の終焉を、「自由主義の勝利」として大騒ぎする人達はいっぱいいましたが、果たして、なにが社会主義国家を没落させたのでしょう？

理由はいろいろあるでしょう。しかし、社会主義国家が、「官が主導して人民の自主性に働きかける」という構造になっていたことだけは、間違いありません。そういう方面で「社会主義国家没落の理由」を考えるのなら、「主導する立場の官が無能だったから、人民は敗北を味わった」と考えるのが普通なんでしょうが、しかし、「官が主導するのが当然」という体制のままだったら、そのラインに沿って育てられる人民は、「優秀」になんかならないかもしれないのです。社会主義国家における「官の無能」は、「民を育てることにおいて無能だった」というその一点にあったのかもしれなくて、これ以上のことになると、そちらの国の「人民」に悪いので言えません。

日本が「官の主導」を当然としていて、その点では社会主義国家に近かったにもかかわらず、「順調」以上の成果を上げ続けていたのなら、日本の「官」は、「民を育てることにおいて優秀」だったのでしょう。それは、「ちゃんとした教育があったから」なのか、「へんに管理的になることに教育が失敗していたから」なのかは知りませんが、ともかく、日本の「民」は優秀だったのです。

しかし、「経済」の質は変わってしまった

主導する「官」がどれだけ優秀であっても、「官」だけが優秀で、それによって動く――あるいは、それとは別に動く、「民」という現場力が優秀でなかったら、どんな方針を立てられ

ても無駄というものです。幸いなことに、近代の日本では、そういう事態に立ち至ったことがほとんどありませんでした。でも、今という時代は、それとは違う局面を迎えてしまいました。「違う局面」とは、「民が無能になった」ではありません。無能になりつつある——無能が侵蝕しつつあるのかもしれないけれど、その以前に、主導して方針を立てる側の考える「経済」が、現実に存在している「経済」のあり方とは、大きくかけ離れてしまったのです。「バブル壊滅後の日本の困難」とか、「バブル経済を招来させてしまった日本の困難」というものは、実はそういう種類の「困難」なのです。

話はもう一度、「日本では、国家が経済を主導するのが当然だった」というところへ戻ります——。

「経世済民」は、支配者のすることである

日本の「経済」のバックには、「経世済民」があります。これをそのまま敷衍《ふえん》すると、「国家というものは、〝経済政策〟を持っていて、〝経済対策〟ということをするものである」ということになります。だから、「ECONOMY」を「経世済民」経由で「経済」にした日本は、そのように近代国家を進めます——きっと、まだそのように進んでいます。

「経世済民」とは、「世を治め、民の生活を安定させること」です。この説明はなんだかへん

な日本語なのですが、それは「この文章の主語はなんだ?」と考えると分かります。

どうあってもこの主語は、「我々」ではありません。「我々が、世を治め、民の生活を安定させる」なんていう日本語はありません。つまり、「経世済民」とは、「民の生活」とは別のところにいる、「支配者」とか「統治者」と言われる人達がなすべきことなのです。「主権者＝我々」とは大きく隔たった昔の論理が「経世済民」で、「大昔の中国のこと」が前提にあるような四字熟語であれば、こんなことは当然です。「だからどうした?」と言うのではなく、「近代の日本は、そういう前提で〝近代経済〟をスタートさせた」ということです。

世を治める支配者が、「民の生活」を安定させます。そのためにはどうするのか? 「民の生活」とは遠いところにいる支配者が、そのまんま「民」のところへやって来るわけではありません。支配者のすることは、「民の生活の上にいて、支配者の下にいる者」に、「民の生活をなんとかしてやれ」と命令することです。つまり、「官僚主導」です。

それでは、「経世済民」である「経済政策」を実践する官僚は、なにをするのでしょう? どこへ働きかけるのでしょう? 「民の生活をなんとかする」なのだから、いきなり「民」のところへやって来るのでしょうか? もちろん、そんなことはありません。「官」とは違う世界である、「民」のトップにいる者へ働きかけます。英語を使えば「トップ・ダウン方式」、日本語にすれば「上意下達《じょういかたつ》」です。

社会がピラミッド構造になっていれば、「官」の下にある「民」の社会もまたピラミッド構造です。その「一番上」に働きかけて、その働きかけがまともに機能すれば、徐々に「下を潤す」ということになって行きます。だからそういうことをして、それが「経世済民」の基本になりました。それはまた、どこかの野党がいつも言っているような、「大企業ばかりを優遇する」でもありますが、「上を潤さなければ、下が潤うことにはならない」と、「経世済民」を考える人達は考えたのです。

経済対策とは「まず大きなものを堅固にする」だった

私の言っていることは、実に当たり前のことばかりです。「国民生活を豊かにするためには、経済を発展させなければならない」で、「経済の発展のためには、企業の活性化を図らなければならない」です。企業が活性化出来ないほど経済が衰弱してしまったら、国家はまず「経済の活性化」のために、公共事業を盛んにします。「それが正しい」と言っているのではなくて、「今まではそうやって来た」と言っているのです。「大きな力がどこかに働けば、経済は活性化する」――そのように考えられて来ました。つまりは、経済もまた「ピラミッド構造」のようなものと思われて来たのです。それはそうでしょう、なにしろ、「経世済民」を考える国家が主導する「経済のある社会」は、その主導が成り立つような、ピラミッド構造になっていたからです。

だから昔は、一つの大企業が倒産すると、多くの企業が連鎖倒産をしました。大企業が「親会社」として存在して、その下に「下請けの関連会社」「孫請けの中小・零細企業」というピラミッド構造があったからです。だから、「まず大企業を守る」というのが、民の生活を安定させる「経世済民」の基本になりました。しかし、あるところから、「親会社である大企業が下請けの関連会社を守りきれない」という事態が発生しました。昔なら、この原因は「不景気」と決まっていたのですが、「好景気」の中でこれが起こるようになったのです。なぜか？

それは、「ピラミッドの規模」が、ある限界を超えてしまったからです。

たとえば、日本の自動車産業

たとえば、自動車産業です。日本の主要輸出産業で、ここには多数の「関連会社」が連なっていて、もちろん「巨大なピラミッド構造」を作っていました。この自動車産業はどんどん大きくなって行って、それこそ「日本経済の牽引車」になりましたが、あるところで壁にぶつかるのです。「無限に広がる」と思われていたこの産業のマーケットが突然壁にぶつかったのは、日本製の自動車がどんどん入って来るアメリカが、「いい加減にしろ！」と怒ったからです。だから、一九八〇年代には、「日本車ボイコット」がアメリカ各地に広がったのです。

アメリカだって、自動車を作っているのです。それを言えば、世界で最初に自動車の大量生産を始めたのはアメリカの会社なのですから、自動車の生産は、アメリカが本場です。「本場に自動車を輸出しよう」などと考えた日本の自動車メーカーは、いい度胸です。アメリカ人が、「お前んとこの車なんか、ろくなもんであるはずがない」と言って拒絶するに決まっている、その本場へです。

ところが、日本製の自動車は、燃費のよさと価格の安さで、本場アメリカの自動車に勝ってしまいました。「価格の安さは、労働者の賃金を抑えたダンピングのせいだ」とかなんとか言っても、自動車自体の持つ「燃費のよさ」という性能のよさは否定出来ません。日本製の自動車は、本場のアメリカで自動車産業そのものを駆逐するほどの勢いを示し、日本から自動車の輸入をせざるをえないアメリカは、貿易赤字を増やします。だから、「日本はもう車を作るな！　輸出するな！」という騒ぎになるのです。

そういう騒ぎ方をして、しかし、「日本車は必要だ」は動かないのです。それで、日本の自動車メーカーは、アメリカに現地法人を作って、日本車をアメリカで作ることになります。もちろん、そうなっても日本車の輸出は好調を続けるのですが、しかし、「日本製の自動車のマーケットは、もう無限ではない」ということだけははっきりしてしまったのです。なにしろ、受け入れ側のアメリカは、「ＮＯ！」と言ってしまったのです。

作ろうと思えばいくらでも作れる——でも、作ったものを売りに行ったら、その先の相手国は「ＮＯ！」と言った。自動車産業という巨大ピラミッドは、「巨大になる」ということを続けて、ついにその限界を超えてしまったのです。「好景気の中で、親会社が関連企業を守りきれなくなる」という事態は、こうして起こります。

一線を超えてしまった日本

不景気で仕事を減らされるわけではない。親会社が「限界を超えた」と言うから、関連会社のそれぞれも仕事を減らさなければならなくなる。あるいは、下請け関係をストップされてしまう。そういうことが、実は自動車産業だけではなくて、社会のいたるところに起こり始めます。しかも、その社会全体は「豊か」なのです。「会社というものは大きくなりうる」という方向だって、まだまだ健在のままなのです。ピラミッド構造の産業社会は、ピラミッドを形成する「石」の一つ一つが、それぞれに「大きくなる」という方向性を保って成長を続け、その結果、一つ一つの「石＝会社」は、豊かに大きくなっていたのです。

それでどうなるのか？

その先は、「みんなもう、自分でなんとかするだけの力はあるんだろうから、自分でなんとかしろよな」の時代です。「上からの主導」を成り立たせて来てピラミッド構造は、「解体」の方向に向かいます。もう「官による指導のルート」も怪しくなって来て、「上からの指導」は無効になってしまいます。そうなったのは、「豊かになれ、大きくなれ」という「指導」が限界を迎えてしまったからです。だから、「これ以上日本に大きくなられてたまるか」と思うアメリカは、「輸入を増やして個人消費を拡大せよ」と日本に言って来ます。かつての日本の経済の中心にあった「主導」は、もうその役割を終わるのです。

そして、バブル経済がやって来ます。「もう豊かになったんだから、みんなそれぞれが独立して、自分でなんとかして行くしかないね」になって、「それぞれになんとかする」が始まったら、あっという間にバブルになったのです。どうしてか?

官はバブルを主導する

「バブル経済」だって、もちろん「経済」です。そして経済なら、「経世済民」の日本では、「官の主導」がつきものです。かつての「豊かになれ、大きくなれ」という「主導」は終わっているのですが、それが終わった後の日本経済は、「輸入を増やして個人消費を拡大せよ」へと方向転換して行きます——「方向転換せよ」とアメリカに言われて、「官」はそのように方向転換したのです。

「方向転換をして経済は終わった」では、もちろんありません。「方向転換をして、今までとは違う経済が始まった」です。この新経済は、「ピラミッドになっている会社の方はもういいから、ピラミッドを作る立場の〝民〟を豊かにしろ」です。ピラミッドはもう出来ているので、「民」はピラミッドを作らなくてもいいのです。「働くな、金を使え」で、これまで「世を治め、民の生活を安定させる」だけで来た「経世済民」は、「豊かにする」という、とっても素晴らしい段階に入ったのです。もちろん、これは「新しい経済」で「経世済民」なのですから、「官の主導」は生きています。なにしろ、「輸入を増やして個人消費を拡大せよ」は、主導する立場にある「官」のトップが、アメリカと「経済交渉」やら「貿易交渉」やらをして決めた「基本方針」なのですから。

「もっと金を使え。もっと贅沢になれ。それが、国際社会の中での新しい日本のあり方なんだから」と、新しい「経世済民」をする「官」は煽《あお》って、「まだまだ金はあるでよー」とばかりに、国家が管轄する特殊法人は日本各地に「贅沢なもの」をバンバン作ります。いるんだかいらないんだかよく分からない道路や橋もバンバン作って、「金利を下げて、みんなが金を使いやすくしなきゃならん。これからは、金を貯めるんじゃない。金は、借りてでも使うんだ」という「指導」をするのです。つまり、「バブル経済になるような指導」をしたのです。

もちろん、そういう「新しい主導」に古いタイプの官僚は慣れていませんから、民間からも「官僚並の頭を持った優秀な人達」が、「主導」に参加しました。メディアも、「新しい経済の指導方針」に沿うように活躍します。そして、バブルははじけるのです。

「豊かさ」は、前提となる常識を覆した

「バブル経済の構造」も、「バブルがはじけた理由」も、今更どうでもいいようなものです。そうなった理由は、一つなのです。「それまでの経済が飽和状態に達した」――これだけです。そして、それまでの時代に、「経済が破綻する」はあっても、「経済が順調に行きすぎて飽和状態になる」ということは、なかったのです。つまり、前例がない。指導のしようがない。指導しようとしても、それを可能にするピラミッド構造は、もう崩れている。崩れたから、バブル経済へ向かう「新しい主導」は生まれたのです。

　限度をわきまえないメチャクチャな「主導」の結果、バブルははじけて、そして日本経済を再生させるために、「経済政策」という名の「新しい主導」が再び始められます。でも、それがどうなるのかは分かりません。「もうどうにもならない」は、どこかにしっかりと根を張って、だからこそ、一九九〇年代末の「勝ち組登場」へと続くのです。

　バブル以後の一九九〇年代には、「どうしたらいいか分からない」という状態が広がっていた――だからこそ「勝ち組」という例外的なものが登場して、そこにみんながぶら下がらざるをえなくなった。だからなんなのか？　「ついに経済は、〝どうあるべきか？〟を我々が考えな

ければいけない段階に来た」です。

だからと言って、楽になったわけではありません。それは「嬉しいこと」である前に、「とんでもなくしんどいこと」で、「〝どうしたらいいか分からない〟をみんなで分け合うこと」です。それが、指導者や支配者に「経世済民」をやらせていた時代の終わりなのです。「なんでも自分でやってくれるいい独裁者がいたらなー」と考えたくなってしまうのは、ある意味で当然かもしれません。でも、もう独裁者が登場出来るような時代ではないのです。

というわけで、このしんどい話は、まだ続きます。

3　スーパーマーケットと日本経済

「勝ち組」はフロンティアからしか来ない

一九九〇年代の末に登場した「勝ち組」を、私は勝手に「日本経済の外から来た」と言っています。別にそれは、「外資系の企業」だというわけではありません。「回復しない日本社会の景気や経済の中からではなく、その外から来た」と言っているのです。

「外」とはどこでしょう？　「外」とは、「新天地」であり「辺境」である「フロンティア」のことです。フロンティアを足場にしなければ、「勝ち組」は登場出来ないし、「フロンティア」を見つけなければ、いかなる企業も「勝ち組」にはなれないのです。どうしてかと言えば、バブル経済に至った日本経済が、もう満杯状態になっていたからです。満杯になっていたものが一線を超えた——その無理が「バブルの破綻」を生みます。だから、「バブルがはじけた」で元に戻ろうとしても、「元」は満杯のままです。どうしようもないのです。

「満杯」だから、それを減らすしかない。つまりは、景気の後退です。後退する以上、不景気は続きます。そこでは「目覚ましい成果」の上げようがない——そこで「目覚ましい成果」を上げるのなら、「今までとはまったく違った基盤」を持って来るしかない。つまりは、「フロンティアを足場にしなければ〝勝ち組〟はない」です。

フロンティアを足場にしなければ「勝ち組」はない――つまり、フロンティアを見つけられれば「経済の未来」はあり、見つけられなかったらそれはない、ということになります。

果たして、フロンティアはあるのか？――この問いの答は「ある」でなければならないはずなのですが、本当にそれは「ある」のか？　現在では、それを問題にしなければなりません。なぜかと言えば、私達日本人は、既に「経済が満杯になる」という事態を経験してしまっているからです。

「経済が満杯になる」は、「フロンティアを消滅させる」です。「満杯になる」などということを経験しなかったら、「フロンティアを探せ」も、そう難しい指令ではないでしょう。しかし現実問題として、日本の経済は、もう「満杯」になってしまったのです。しかも、私達はそのことを、身近なところで知っているのです。スーパーマーケットの業界です。恐ろしいことに、この業界は「フロンティア」を足場にして成長し、そして破綻したものなのです。


スーパーマーケットを成立させなかった「日本経済」

スーパーマーケット業界の浮沈は、二十一世紀の現在にまで続く「戦後」と言われる時期の日本経済の縮図のようなものです。

一九五七年、大阪の私鉄の駅前に「主婦の店ダイエー」なるものがオープンします。後の巨大スーパーマーケット、ダイエーの一号店です。日本のスーパーマーケットは、「主婦の店＝主婦の味方である商品の値段が安い店」としてスタートします。つまりは安売り屋です。それまでの日本では馴染みのないスーパーマーケットが各地に定着拡大し、ついには流通産業の主流となってしまうのは、スーパーマーケット単体の努力によるものではありません。それは、進行を開始した日本の都市化——新興住宅地の増殖とシンクロしているのです。

当時の日本では、住宅街のあるところに必ず商店街がありました。日常の買い物はそこでまかないます。商圏と住宅圏は接近していて、値段は「適切」というところをほぼキープしていました。商店街は、近接する住宅街のモラルに沿うような形で存在しているので、値段を上げすぎることも出来ないし、またあまり値段が安すぎると、「粗悪品ではないか」と疑われたりもしました。それが、今や伝説となってしまった「昭和三十年代」のあり方です。ここで「安い＝いい」が定着するのには、かなりの時間がかかります。

商店街は強力な連合体で、スーパーマーケットはこれに単体で立ち向かわなければなりません。食品だけでも、八百屋と肉屋と魚屋とパン屋と菓子屋と牛乳屋、更には乾物屋というような部分まで併せ持たなければなりません。それだけでも足りないはずで、「え、ないの？」と言われてしまえば、「スーパーって、そんなになんでもあるわけじゃないよ」と言われてしまいます。もちろん、単体としての「スーパーマーケット」が成立するためには、それなり以上の店舗の広さが必要です。商店街の土地代は安くない上に、それだけの広さを確保する余地も、中心部にはありません。当時の商店街は、小さな専門店の集まりでもあるのですから、少しくらい値段が安くても、「質が悪い」と言われてしまえば、もうスーパーは太刀打ちが出来ません。今なら簡単に「大資本の参入」ということも起こりますが、当時は、「スーパーマーケット」がまだ業種として確立されていないのです。

当時の日本人にとって、「アメリカのスーパーマーケット」というものは、「外国の高級な店」であって、「値段が安い」とは結びつかないものでした。「安売り屋」は「安売り屋」で、スーパーマーケットが日本に根を下ろすためには、インフレの物価高を必要としましたが、それもまたたいした追い風にはなりませんでした。なぜかと言えば、昭和三十年代に「商店街」という日本経済を成り立たせていた日本人は、「我慢」という現状に抗する力を、まだ持ち合わせていたからです。

スーパーマーケットとフロンティア

昭和三十年代の商店街は、「新たな業種の参入を許さない、確立された日本経済そのもの」

でもあって、日本で「スーパーマーケット」なるものが「立派な流通産業」となるためには、そこからはずれた「フロンティア」を必要としました。

そのフロンティアは、まさしく「辺境」にありました。産業経済が盛んになり、通勤人口が増えて、新しい住宅地が生まれて行くからです。電車・鉄道が通っているだけの、かつては「郊外」とか「農村地帯」と呼ばれていたところに、新しい宅地が造設されます。「田んぼの中に家や団地だけがある」という状態で、そこでは商店街も未発達です。あったとしても、都市生活を前提とする新住民のあり方とは、ずれがあります。「ここら辺はなんにもなくて」とぼやく新住民の生活圏が、スーパーマーケットを育てるためのフロンティアです。

そこには、スーパーマーケットと競合するものがありません。スーパーマーケットがなければ、商品経済そのものが成り立たないようなところです。スーパーマーケットは、辺境に住む都市民のために、「都市民の生活を成り立たせる場」としてひそやかな成長を開始し、成長を遂げ、力を蓄えます。力を蓄えたスーパーマーケットは、「完成された商店街」のある都市部にも容赦のない侵入を開始し、大量仕入れを可能とする大資本になったスーパーマーケットは、商店街の様相を変えて行くのです。

スーパーマーケットの変質

商店街を構成する「小さな専門店」は、個人経営です。時間がたてば、経営者の高齢化も始まります。そして、農村地帯と同じように、ここでも後継者不足を迎えます。息子や娘は、狭い地域経済の中で生きることよりも、広い「外の世界」に就職口を求めるようになるからです。商店街は、そのようにじわりじわりと衰亡へ向かい、一方のスーパーマーケットは、新しい時代に生きる都市民のための「就職先」でもある大企業へと、変貌して行きます。パートタイマーとして近所の主婦を集め、かつての商店街とは別の形で、住宅街へ浸透して行きます。スーパーマーケットは、地元の商店街を圧する巨大な店舗を構え、スーパーマーケットから「デパートに近いもの」へと変貌を開始するのです。

昭和三十年代の日本で、商品流通の頂点に立っていたのは、高級百貨店と老舗の店でした。それは、どこにでもあるものではなく、「大都市の中心部」という特別なところにしかないものので、客に「わざわざ買い物に来させる」というエンターテインメント性さえも備えていました。だから、どこのデパートにも「大食堂」と「屋上遊園地」がありました。デパートの大食堂こそが、後のファミリーレストランの原型となるものだと私は思っていますが、「大食堂」と「屋上遊園地」は、スーパーマーケットにはないものでした。つまり、スーパーマーケットは「日常の買い物をするためにあるもの」で、デパートはそれより上の、「買い物というエンターテインメント行動を満足させるもの」として存在していたのです。

しかし、住宅地は拡大し、デパートは「遠くにあるもの」になります。しかもデパートは、その以前から存在する古い都市住民の文化レベルに合わせて存在しているものです。このことは、地方のデパートというものを考えてみれば、すぐに分かります。

地方のデパートというものは、県の県庁所在地とそれに次ぐ第二の都市くらいにしかありません。しかもこれは、戦前から続く地元文化のヒエラルキーに合わせて存在しています。そこでの「高級品」は、「地元の名士達」の好みと需要に合わせて存在するのです。しかし、昭和の四十年代になると、このヒエラルキーが崩れて来ます。県庁所在地以外の場所もそれなりに発展して来て、県庁所在地の優位性が崩れるのです。しかも、東京や大阪から発信されるテレビというものが、「都会とはこういうものだ」ということを、日本中に知らせます。しかし、「名士」のいる地元の生活文化をそのあり方の前提としている県庁所在地のデパートは、それだけの都会性を備えないのです――「そんなものを備えるより、ローカリティへの対応こそが重要だ」が、ここの前提なのです。だから、わざわざ出掛けて行った県庁所在地にあるデパートが、そこから離れたところに住み、「都市のなんたるか」を知っている新興住民の目には、なんとなく古臭いもののようにも思えるのです。しかも、その商品の値段は、スーパーマーケットのものより高いのです。スーパーマーケットのデパート化は、こうした新旧の文化ギャップの中で進行して行きます。

都市化の拡大は、スーパーマーケット業界の基盤を強化します。フロンティアに育つスーパーマーケットは、もう「疑似デパート」になっています。階段の踊り場や入り口のそばに、子供用の遊戯具を置き、簡単な飲食コーナーを設ければ、もう「デパート」です。スーパーマーケットは、デパート化に成功します。そして、「地元の活性化」という要請を受けて、古い商店街が衰退し始めた主要都市の中心部や駅前に巨大店舗を構え、地元の古いデパートがある県庁所在地にも進出して、老舗デパートよりもずっと巨大で新しい店構えを誇るのです。そうなってしまったスーパーマーケットに、かつては「買い物というエンターテインメント行動を満足させる要素がなかった」などとは、もう誰も考えないでしょう。スーパーマーケットは、デパートを抜いて流通の王者となり、そこに新しい転機が訪れるのです。それは皮肉なことに、自らが転落させて行ったものが辿ったのと同じ、「転落への道」でもありましたけれど。

デパートの文化とスーパーマーケットの文化

スーパーマーケットの敵は、スーパーマーケットに追い抜かれたデパートの敵と同じものでもあります。その戦いのリングは、「一般性」というところにありました。

デパートとスーパーマーケットの戦いは、二つの生活文化の闘争なのです。一方は「昭和三十年代までの都会地のあり方を前提とする生活文化」、他方は「昭和四十年代に確立される新興住宅地のあり方を前提とする生活文化」です。これは、「親の文化と子の文化の対立」でもあります。「親の文化」の背景には、戦前から続く「日本近代の市民生活」という背景があって、戦後をスタートの起点とする「子の文化」には、それがありません。「デパート文化」に属する人間は、「デパートへ行く時には〝よそ行きの服〟に着替える」という習慣を持っていて、「スーパーマーケットの文化」に属する人間には、そんな習慣がありません。つまり、この二つの文化の闘争は、「カジュアル化」という局面で戦われたということです。

デパートの文化は、「既にカジュアル化は達成されている」と思っていました。なにしろデパートは、「大衆」を相手にして流通産業となったのです。しかし、スーパーマーケットの文化は、「大衆」を相手にしながら「格式」などというものをちらつかせるデパートの文化を、カジュアルだとは思いません。どちらがカジュアルなのか？――この生活文化の戦いは、「一般性」というところで決着がつけられるのです。

「古い」と言われたら、それはもう「一般的」ではありません。「あんなもの」と拒絶される限りは、まだ「一般性」を獲得出来ていません。「ダサい」と言われたら、せっかく獲得した「一般性の王座」から滑り落ちているのです。誰もがそれを「当たり前」と思ったら、その時に、その生活文化は「一般性の王者」になっているのです。スーパーマーケットは、そのようなジャッジを受けて「流通業界の王者」になったのですが、このジャッジはまた、「勝ち組」となったスーパーマーケットを「負け組」にしてしまうジャッジでもあるのです。

スーパーマーケットが「流通の王者」を確定させていた時、日本にはバブル経済が忍び寄ります。「もう働くな、金を使って個人消費を増やせ」です。この時の日本経済はもちろん好調の絶好調で、しかも「個人消費を増やせ」です。「流通の王者」であるスーパーマーケット業界が勢いづくのは当然で、「個人消費」に軸足を移した日本経済の中で、更なる「勝ち組」の道を進もうとします。店舗を増やし、業種を拡大させ、巨大なものを更に巨大化させ、ついに「一線」を超えてしまうのです。

激震にさらされる「生活文化の一般性」

スーパーマーケット業界は、自分達の獲得した「一般性」を足場にしています。「もっと、もっと」で業績を拡大させて来たスーパーマーケット業界は、そのことによって、「スーパーマーケット業界がもたらす一般性」を飽和状態にさせていた――単純な言い方をしてしまえば、「飽きられる一歩手前」に来ていたのです。

バブルの波は、まずデパートを侵します。「個人消費に金を使え」と言われて、それにすぐ応えられる人は、もう十分すぎる金を持っていました。かつてのデパートが設定した「生活文化の一般性」を超えるレベルの贅沢が可能になっていて、「新たな個人消費の局面」はそこにしかなかったのです。つまり、ブランドブームです。

スーパーマーケットに「高級ブランド」はありませんが、デパートにはあります。しかし、ヨーロッパの高級ブランドは、「近代日本の生活文化」を背景にして来たデパートにとって、必ずしも「ヒエラルキーの頂点」を示すものではありません。それは「頂点」であると共に、主流からはずれた「特別」です。しかも、「高級」という頂点を持つデパートは、その下に広がる「一般性の裾野」を持っていて、「品質を検討された質の高い一般性」が、デパートというものを成り立たせていたのです。消費者の嗜好が「高級ブランド」へ移ってしまえばどうなるのか？　デパートの主力部分である「一般性」は、一挙に「ダサい」へ移ってしまいます。「〝高級〟を言うからダサい」になっていたものが、ここからは「高級だけどダサい」へ変わってしまうのです。つまり、デパートを成り立たせていた「一般性」の基盤そのものが揺らぎ始めるのです。

しかも、それほど広い需要を持たなかったヨーロッパの高級ブランド品は、流通のルートが確立されていません。円高を背景にした日本人は、海外旅行を当たり前にして、ブランド品を海外で買うことになります。そこには日本以上に豊富な数のブランド品があって、しかも日本よりは安いのです。だからこそ、「個人輸入」も始まります。「厳選された数少ないブランド品」を集めただけのデパートは、ブランド品に関しては、「商品の数が少なく、値段も高い」になってしまうのです。存在基盤である「一般性」を直撃されたデパートは、業績不振で悩みますが、それはすぐにスーパーマーケット業界にも飛び火します。

スーパーマーケットの破綻

疑似デパートと化したスーパーマーケットには、高級なブランド品がありません。どこにもある一般的なものだけです。値段だって、もう特別に安くはありません。「当たり前」であることを当然にして存在して来たスーパーマーケットは、もうその初めのように、「安い」をアピールする必要はないのです。しかもバブル経済の中で、商品は「安い」ということを求められなくなっています。「バブルがはじけた」は、そこにやって来るのです。

不景気が到来して、人は「値段の安い物」を求めます。既に「一般的な消費」は飽和状態に達していて、ここに「消費の拡大」が求められない以上、価格競争をして他社のシェアを奪うしかないのです。それをやって業績を伸ばさないと、バブル壊滅後の不景気の中で、会社は転覆してしまうのです。限界に達した消費を伸ばすための価格競争は、「デフレ」という前代未聞の事態を引き起こし、物価はジリジリと下がり、その一方で「高級ブランドへの需要」は、なおもまだ維持されるのです。「消費の二極化」です。スーパーマーケットはこれに直撃されて、にっちもさっちも行かなくなります。スーパーマーケットは、高級でもなく、安くもなく、二極化した需要のどちらにも応えられなくなっているからです。

デパートを揺るがせた「一般性の激震」は、デパート以上に「一般性」を獲得していた流通の王者を直撃します。日常生活を満足させるためのものなら、消費者はもうほとんど揃えてしまいました。必要なのは、それを超えるものです。でも、スーパーマーケットにそれはありません。日常生活のために補給される品々なら、スーパーマーケットよりももっと安い大型の安売り店が登場し始めています。「高級品を買う」という娯楽を手に出来ない人達のためには、「百円ショップ」というものが登場します。そして、新興住宅地育ちで「家族」をその基本単位としていたスーパーマーケットは、その新興住宅地で生まれ育ち「個人」となってしまったかつての「子供達」を相手にするコンビニエンスストアに、客を奪われてしまうのです。

コンビニの登場

コンビニは、スーパーマーケットほどの店舗面積を必要としません。ある特定の客層に合わせて、商品の数を限定してしまいました。確定されたコンビニのあり方は、弁当屋と菓子屋と本屋と酒屋と化粧品屋を合わせて、それに金融機関の窓口を備えています。ここに来る客は、

「家庭を営む必要のない人達」で、合わせるものは「個人の需要」です。コンビニは割高で、品数も少ないかもしれません。しかし、「それで十分」と思う人を相手にして、コンビニは成立しているのです。しかもコンビニは、独自の商品開発をして、よそでは高いものを「コンビニ価格」で提供出来るようにしてしまいます。それは、商品のオモチャ化でもありますが、コンビニは「安売り屋」の一面も備えているのです。しかも、スーパーマーケットは、バックに住宅街の存在を必要としますが、個人対応のコンビニは、それを必要としません。だから、ビジネス街と言われるところにも登場します。スーパーマーケットは、「日常生活を満足させる」を基本にしていて、しかし、気がついたら、その「日常生活のあり方」が、「家族」を基本単位とするものから、「個人」を基本単位とするものへと、変質しているのです。

容量を超えた経済

店舗面積が小さくてすむコンビニは、店舗数を増やして行きます。しかも、その拡大の仕方はフランチャイズを原則として、コンビニ全体を統括する会社の規模はタイトです。広い売り場面積を持たなければならず、しかもその全体を直営にしなければならないスーパーマーケットには、その大きさゆえのすきま風が吹き始めます。

スーパーマーケット業界は、業務の縮小を始め、多数展開させた店舗の閉鎖も始めます。バブルの時期に「拡大」を実行して、その「拡大」は借金によって成り立っていたのです。「投資をしてもすぐに採算は取れて、それは簡単に利潤に変わる」と思われていたものが、もうそうはいかなくなっているのです。超えてしまった「一線」は、スーパーマーケットの首を締め始めます。「採算の取れないところは閉鎖する」は当たり前ですが、「閉鎖された店舗」はどうなるのでしょう？　おそらくは、そのままです。「採算の取れる店舗」ではあっても、業務の縮小は避けられないでしょう。

縮小する日本スーパーマーケット業界のマーケットを狙って、外資系のスーパーマーケットも日本に上陸して来ます。でも、どうもうまく行きません。なぜならば、日本のスーパーマーケットの業界は、「日本人の需要の飽和点」を超えて存在してしまっていたのです。そこには、もう参入の余地がないのです。飽和点を超えて満杯になったスーパーマーケット経済は、「存在理由のある適切な規模はどれくらいか？」という問いの答が出るまで、その規模を縮小せざるをえないのです。「閉鎖された店舗」と、「閉鎖はされないが余剰空間を残して寂寥《せきりょう》の色を見せる店舗」と、「イメージアップしようとしてもうまく行かない新装の店舗」は、「限界を超えてしまった日本経済の象徴」として存在し続けるしかないでしょう。

スーパーマーケットは、フロンティアを食い尽くして消滅させてしまったのです。そしてスーパーマーケットは、それでもまだ存続しなければなりません。なぜならば、スーパーマーケットは日本人の「当たり前の生活拠点」になってしまったからです。そうなってしまった以上、「大幅な利潤の向上」を望めぬまま、スーパーマーケットは日本経済の中に存在し続けるしかないのです。限界点を超えてしまったものをもう一度「適切な容量」にまで戻し、「適切」であることのおもしろからぬ状態に満足するしかないのですが、実のところ、「当たり前」とは、そういう状態のことを言うのです。

4　世界の容量

日本のあり方は世界のあり方

私の、「経世済民」ならぬ「ECONOMY」の方面での経済の話は、くだらないものです。スーパーマーケットのあり方で、日本の経済そのものを語ろうとしています。ここに「ヴァレンタイン商戦」を重ねてしまえば、こうなります——。

「バブルの到来は、ヴァレンタインデー前のスーパーマーケットのチョコレートの売上を増やしたかもしれないが、バブル経済の進行は〝スーパーで買った義理チョコなんかダサい〟という風潮を作り、バブル壊滅後の不景気は〝義理チョコ〟という習慣をすたれさせ、スーパーでもコンビニでも売っていない〝本命狙いの高級品〟だけを生き延びさせるようになった」です。「本命狙いの高級品」がいつまで健在かは分かりませんし、スーパーマーケットを脅かしたコンビニだって、「順調」がいつまで続くかは分かりません。「既にコンビニ業界は整理統合の段階に入った」という話だってないわけじゃありません。「経済の限界」というものが存在していることが明らかになった以上、いつでも「限界」はちらついているのです。

私にとっては、以上が「日本経済の話」です。「日本経済の一例」ではなくして、「日本経済の典型」です。この話は当然、「これが世界経済のあり方だ」へと進んでしまいます。そうするために私は、「スーパーマーケットの日本経済」という話をしたのですが、そんなことでいいのでしょうか？

もちろん、いいのです。なぜならば、限界にぶつかって破綻することになる日本経済は、破綻するまで「世界一」だったのです。つまり、「スーパーマーケットを過飽和の段階にまで発展させてしまった日本人のあり方」は、そのまま「世界経済のあり方」と重なってもいいものなのです。日本人は体を張って、「世界には限界がある」ということを証明してしまった。そして、二十一世紀の世界経済は、その前提の上にあるのです。

勝者日本の獲得した「フロンティア」とは——

一九八〇年代に、日本は世界の経済戦争の勝者であることを歴然とさせました。そのあり方は、「日本だけが勝者だった」と言って過言のないものです。だったら、「生産」を前提とする経済活動のあり方は、「日本のあり方」をモノサシにすることが出来るのです。

「生産して売る、そして利潤を上げる」——この戦争で日本はトップになりました。なぜトップになれたのか？　それは、「すごく頑張ったから」です。しかし、それだけではトップになれません。「勝ち組」にもなれません。「すごく頑張る」だけでトップになれるのなら、現在の日本は「不景気」とか「景気の低迷」なんてことにはなっていないはずです。それは、「頑張りが足りないから」ではなくて、フロンティアが見つからないからです。ということは、一九八〇年代に世界経済戦争唯一の「勝ち組」になってしまった日本は、「フロンティア」を手に入れていたということです。

　この「フロンティア」とはなんでしょう？　こちらは「辺境」ではなくして、「新天地」の方のフロンティアです。

　それは一体なんなのか？　それは、「日本だけが手に入れられたフロンティア」です。

　答は、「日本の自動車産業の話」をした時に、もう言ってしまいました。日本の自動車産業は、「本場に売り込む」を成功させて、勝者になったのです。「フロンティア」とはそれです。日本は、そこがフロンティアであるはずのない「本場」を、フロンティアに変えてしまったのです。それが、日本が経済戦争の「勝ち組」になった理由です。

　日本は、近代化の後発国です。本場であるアメリカやヨーロッパに学んで、「すぐれた本場の製品」を輸入しなければならない立場にあったのです――そのように思われていたのです。しかし、その本場を「自分達のためのフロンティア」に変えてしまったのです。別に自動車だけではありません。テレビもラジオもオーディオ製品も、元々は日本で発明されたものではないものを改良して、その本場に売り込むことに成功してしまいました。私はそれを「いい度胸」と言ってしまいましたが、そんなことを日本に可能にしてしまったのは、近代化の先発国にはない、「後発である」というコンプレックスです。それがあるからこそ、日本人は「本場で勝負してみよう」という、よその国にはありえないことをしでかしてしまったのです。つまり、「二十世紀の後半にはもうそれ以外のフロンティアはなかった」ということです。

だから、「フロンティア」なんかであるはずのないところが「未開地《フロンティア》」になった――そのようにしてしまった。つまりは「意味の転換」ですが、それが可能だったのは、日本だけだったのです。「コンプレックスを持てた」ということが特権なら、それが日本の「特権」だったのです。ということはなんなのか？　「日本が経済戦争に勝てた」ということは、「その前に世界の経済全体が限界の壁にぶつかっていた」ということにしかならないのです。

世界はそのように閉じていた

「本場」を「未開地《フロンティア》」に変える以外に、もう商品市場は開けない――世界はそのように閉じていた。だから、欧米という「本場」を「フロンティア」にして勝ってしまった以上、今度は日本が「フロンティア」の役を引き受けるしかない――世界の経済は、そのような段取りを踏むしかなくなっていたのです。

「本場をフロンティアに変える」なんていうことを、軍隊とか戦争という手段抜きでやってしまったのは、日本だけです。産業革命の時代、イギリスが「綿織物の本場」であるインドに乗り込んでそこを植民地にしてしまったのと似たようなことを、日本は二十世紀の後半に、軍隊抜きで欧米に対してやってしまったのです。かつての「フロンティアの発見」は、「他人の領土を植民地にしてしまう」でしたが、日本は同じようなことを違う形で実現しました。侵蝕されたアメリカが怒るのは当然です。でも、「本場で通用するかどうか試してみようぜ」だけでそれをやってしまった日本には、そんな自覚がありません。だから、「日本の経済のあり方を前提にして世界経済のあり方を考える」ということの正しさが、日本人にはピンと来ないのです。日本人にはピンと来なくて、おそらくは、「本場の人達」にとっては「ピンと来たくないこと」でしょう。

「欲望」という名のフロンティア

「本場に乗り込んで本場を圧する——本場をフロンティアに変えてしまう」などということをしてしまったのは、日本だけです。日本だけが二十世紀後半の世界経済で、既に確定しているはずの経済の場に、「フロンティア」を発見してしまったのです。しかし、さすがのアメリカです、「自国をフロンティアにされて日本に食い尽くされる」なんていうことを許しません。

日本に、「もう売るな！」と圧力をかけて来ました。「世界の経済に限界があることを知れ！」と言ったのはアメリカですが、そのことによって、世界経済は新しい段階に入ります。

アメリカは、「世界経済には限界がある。その基本容量を守れ。外に展開する前に、自分の内部を掘り下げろ」と言って来ました。それが、「内需の拡大＝個人消費の拡大」という「日本のフロンティア化」です。「フロンティア化」というよりも、「今度はお前の番な」というようなものでしょう。そして日本は、新たな「フロンティア」を開くことになるのです。

そのフロンティアの名は、「欲望」です。日本人は、「己れの欲望」と向かい合うことになるのです。

「いる物だから買う」でスーパーマーケットを発展させて来た日本人にとっての「欲望」は、「必要」とイコールであるようなものでした。言い訳のような「必要」を先に立てていた日本人は、ここから「欲望」の新段階に入ります。つまり、「いるのかいらないのか分からないが、自分はそれを〝ほしい〟と思う」という種類の「欲望」と向き合うのです。

「欲望」というのは、観念の作業です。「いるんだかいらないんだか分からないが、しかしそれを〝ほしい〟と思う」という観念の作業は、「欲望」を際限なく拡大させます。それを野放しにしたら、きりがないのです。ということはつまり、「欲望」という名のフロンティアは、無限だということです。「欲望は無限で、しかしそれにつきあっていたら、人間本体は破綻してしまう」という形で、「欲望のあり方」には限界が設定されているのですが、困ったことに、その「限界の設定」は、本人次第なのです。麻薬みたいなもんです。「大丈夫、まだ大丈夫」で限界を無視し続けて、気がついた時には、もう手遅れなのです。手遅れにならない限り気がつかないというのが、「観念の作業」である「欲望」の一面なのです。

がしかし、そういうものでありながら、「欲望」はバブル以後の日本人の経済を成り立たせるための「フロンティア」です。「日本経済にとってのフロンティア」であり、その役割を引き受けた以上、「世界経済のためのフロンティア」にもなるのです。「俺、もう知らないよー」と言いたくなるような展開です。

バブル以後の経済で「勝ち組」になるためには、「消費者の欲望を刺激する」というファクターが欠かせません。というわけで、ほとんど野放し状態の「欲望」に引きずられる形で、現在の日本経済は存在しているのです。

果たして、この「欲望」という名のフロンティアは、「食い尽くされる」というところまで行くのでしょうか？　それとも、人智はこの経済活動に「限界」というものを設定することが出来るのでしょうか？　それはともかくで、話は別のところへ向かいます。

経済の根本は変わった

世界経済戦争の勝者日本は、本場アメリカの誘導によって「欲望の泥沼」に足を踏み入れて行きますが、世界経済は新しい段階に入ります。ここではもう、いろんなものが古くなってしまいますが、その最大のものは、「生産を前提とする経済活動」です。なにしろ、「世界経済には限界がある」なのです。日本は「物を作って売る」という形で利潤を上げましたが、それは「限界がある」というところまで行きました。「限界がある」というところまで行って、そうなると困る経済は、「欲望」というフロンティアを開きました。しかしその一方で、「限界がある」ということを知った経済は、その形を変えるのです。つまり、「自分で作って売る」から、「他人に作らせて売らせて儲けさせて、そこに参加をする」です。つまりは、「投資」ということですが。

限界はあるのです。だから、限界まで他人に作らせるのです。そして、作ることが限界に来たら、手を引くのです。「作るから売る」までを他人にさせて、自分はそこに資金を投下する。そして、投下した分の利益をいただく。利益がいただけなくなったら手を引く――それで十分に利益は得られるのです。「投資する」は資本主義経済の基本ですから、ここに戻ったって不思議はありません。問題は、「限界が前提となってしまった世界経済の中に、投資する先はあるのか？」だけですが。

投資に怯えた日本人

投資を可能にするためには、条件が一つあります。それは「投下する資金」です。資金がなければ話になりません。そして、この商売では、資金量が多ければ多いほど有利になります。本来なら、日本はこの最大の勝者となるはずだったのです。なにしろ、世界経済戦争の勝者となっていた時の日本には、「世界中の金」が流れ込んでいたのですから。しかし、日本のバブルははじけました。「投資をする金がなくなった」の前に、「投資していた金は、バブルがはじけてなくなった」です。つまり日本人は、投資そのものに臆病になってしまうのです。投資に失敗して、巨額の不良債権を作ったのです。「今度また投資をすれば、不良債権が増えるだけだ」と怯えます。私は、それが、世界の経済戦争に日本が再び参戦出来なくなった最大の理由ではないかと考えます。

日本人の投資は「土地を買う」が第一だった

バブルがはじけ、日本の金融機関に膨大な額の不良債権が残されてしまった最大の理由は、土地の値段が暴落したからです。ということは、言うまでもないことですが、それまでの日本では、土地の値段が上がり続けていたということです。「土地の値段は上がるものだ」という神話があって、それが日本経済の前提になっていたからこそ、好景気の結果「余った」になってしまった金は、土地の投資へつぎ込まれたのです。「投資」というと、普通は、企業の経済活動に対して行われるものですが、日本の「投資」は、それ自体はなにもしなくて、しかし値上がりだけは確実にすることになっていた、「土地」に対するものでした。

土地を担保にして金を貸す——貸した金に利子がついて返ってくれば儲かるし、金が返って来なくても、担保になった土地は手に入る。「土地＝値上がりするもの＝価値あるもの」なのですから、土地を手に入れるということは、大層な利益なのです。

では、その「土地」でなにをするのか？　結局のところ、「土地」にはなんらかの利用価値があるからこそ、「値上がり」ということも起こるのです。だから、なんの利用価値もない土地は、担保に取れません。「土地の値上がり」の背景には「利用価値」があって、バブルの時代には、かつては「なんの利用価値もない土地」に、「利用価値」がついたのです。つまりは、「観光開発」です。日本には「リゾート法」と言われるものが出来て、ある意味で日本中の土地に「観光資源としての利用価値」が加算されたのです。それまでは「なにもないただの自然」でしかなかったものが、「観光資源としての利用価値がある」とされ、高い値段がつきました。それもまた、「国内需要の喚起」という方向性があればこそです。土地の値段はバンバン上がり、膨大な費用が「観光開発」のためにつぎ込まれ、そして「限界」にぶつかってはじけます。「なにもないただの自然」が「利用価値のある土地」になってしまうのですから、都市部の土地の値段なんか上がり放題で、これもまた当然、「限界の壁」にぶつかります。「利用価値」というのは、「思惑」の別名のようなものですが、経済で「未来予測」は重要なので、「思惑」だってバカに出来ません。

しかし、バブルははじけ、景気は低迷します。これまでの経済のセオリーなら、ここに資金を投入すれば、景気が持ち直すはずでした。だから、金利はどんどん下がって、金はどんどん出回ります——そうなっているはずですが、借り手は現れません。だから、金利はもっと下がって、でもやっぱり、もう土地の値段は上がらないのです。みんな、「投資」に懲《こ》りてしまったのです。ライヴァルの日本がこうして失速している間に、よその国の金のある人達が動き出します。

閉じた地球の中で、金だけが動き回る

一九九七年七月、一八四二年の阿片戦争以来イギリスのものとなっていた香港が、中国に返還されます。これをきっかけにして、社会主義の中国は、一気に自由主義経済への加速を開始しますが、タイの通貨の暴落、香港の株式市場の大暴落、ニューヨーク株式市場の暴落、そし

て、韓国の通貨の大暴落も起こります。なんでそんなことが立て続けに起こったのかと言えば、利鞘稼ぎの巨大な投資の金が、あっちへ行ったりこっちへ行ったりしていたからです。ノーベル賞級の経済学者の頭脳と、NASAで複雑なコンピューターを操っていた人間の駆使する高度な計算の下で、世界中の超大口投資家達の巨額の資金が動き回っていたというのです。それに対して「ヘッジファンド」という名前が与えられましたが、経済の中心が「自分で物を作って売る」から「他人の生産活動に金を出して利潤を得る」という方向へ変わってしまっていたことを表す、象徴的な事件です。

「経済＝ECONOMY」が、相変わらず「物資の生産・流通・交換・分配とその消費・蓄積の全過程、およびその中で営まれる社会的諸関係の総体」であるまま、中心は「諸関係の総体」というところへ移ってしまったのです。「諸関係の総体」をデータ化して「ああだ、こうだ」をすることが、「経済」の中心になってしまったのです。「最終的なデータ」がはっきり出さえすれば、そこに至る前の「物資の生産・流通・交換・分配とその消費・蓄積の全過程」という具体的なプロセスは、どうでもよくなってしまうのです。なぜなら、そんなことは「自分で物を作って売る」をやる人間にやらせておけばいいわけですから。

世界が欲望を動かしている

もうこういうことになると、「経済＝ＥＣＯＮＯＭＹ」を考えることに、意味はありません。考えても無駄です。「どっかで誰かがなにかをやっている」というだけのことで、実態がないのです。あるところにはあるんでしょうが、その「実態」は、「データ化された実態」です。それを考えて「あれこれ」をするのは、金があって、「投資」という経済活動に参加しようと思う人だけです。私はエコノミストじゃありませんし、「そんな余分な金はない」と言う前に、「そんなことをしたい」と思う気がありません。私がここまで「経済」というものに深入りしてしまった理由は、ただ一つ、「もう世界の経済は壁にぶつかっているから、経済を考えることに意味はない」と言うためだけなのです。

世界には、二種類の人間しかいません。「金を持っている人間」と「金を持ってない人間」です。「金を持っている人間」は、「金を持ってない人間」に金を与えて、生産活動を行わせます――これが、今の世界の「経済」です。しかもこの「経済」は、「必要」の上で成り立っているわけでもありません。「欲望」というフロンティアの上で成り立っているのです。ということはなんなのか？　「人の欲望は、世界経済の指示によって動いている」です。一見すると逆のようです。「世界経済は、人の欲望によって動かされている」――普通はこのように考えられているようですが、よく考えれば、これが違うということくらいは分かるでしょう。

世界経済は、もう「限界の中」で動いているのです。「必要」を超えた「欲望」だけが、これを動かせるのです――そのことは、経済を動かしている人なら、もう分かっているのです。それが分かっていなかったら、「投資」という経済活動の中で損をします。だったら、経済は人の欲望を動かすでしょう。経済用語ではこれを「需要を喚起する」と言いますが、経済の用語は、「いるのかいらないのか分からないが、自分はそれを〝ほしい〟と思う」という「欲望」と、「必要に基づく欲望＝需要」との間の線引きをしてくれません。その線引きがないことを前提にして、世界は人の欲望を動かすのです。

「世界の四分の三」でも満杯だったものが――

世界経済を発展させるためのフロンティアは、もう「欲望」しかありません。だから私は、「発展が必要なのか？」と思います。「これ以上それをやったら、地球が壊れちゃうぞ」と思います。人によっては、「中国が世界経済の新しいフロンティアだ」と言います。そうかもしれません。世界の人口の四人に一人程度は、中国人です。ということは、今までの世界の経済は、「世界の四分の三」だけでやって来たということです。「四分の三」だけで、このていたらくです。化石燃料をどんどん燃やして、地球の平均気温を上昇させたのです。このままで行くんでしょうか？　行くとして、石油というものは、まだ大丈夫なんでしょうか？

おそらくではなく、確実に、中国はかつての日本みたいな「経済大国への道」を歩むでしょう。そうなるのは簡単だと言うその理由は、「経済大国になった日本のあり方が、中国のあり方ととてもよく合っていて、とてもよく似ているから」です。

「経世済民」で近代経済を始めた日本は、「官が民を主導する」でした。そういう、自由主義経済でした。自由主義経済を取り入れた社会主義国・中国と、どこが違うんでしょう？

過去の日本のあり方を考えていると、私は時々、「日本は社会主義国家なんじゃないのか？」という気になります。日本の支配階級は、全員が揃って官僚です。「領主」という、「中央政府から独立して存在する支配者」は、戦国時代を除いていません。律令国家の朝廷から「官位」をもらった貴族は、みんな官僚です。幕府というのは、朝廷から行政の権限を委譲されたもので、形の上ではみんな朝廷に連なる官僚です。徳川幕府になって、武士はすべて「幕府に連なる官僚」になりました。この時代の「ご領主様」は、徳川幕府に連なる地方管轄官僚です。江戸時代になって、商品経済が発展して来ると、米の収穫だけに頼っていられない地方の藩は、「殖産興業」に乗り出します。「官が民を指導する経済」は、もうここにあります。明治維新政府の富国強兵や殖産興業だって、この先例がなかったら、現実に根づかなかったでしょう。

そこに「主義」はありません。しかし、「統一政府の官僚が人民を主導する」というのは、とっても社会主義的なのです。明治の近代になって、「官僚達が民間を主導して近代化を実現させて行く」というのは、見ようによっては、「自由主義・資本主義を取り入れて国を発展させようとする社会主義国・中国」のあり方と同じなのです。つまり、「中国はとても日本の真似をしやすい」ということです。プライドの高い国ですから、おそらくは、そんなことを絶対に言わないでしょうが。

日本の真似をして、そしてバブルがはじけたらどうするんでしょう? 自由主義や資本主義経済の歴史がとても浅い中国は、「不況」ということを経験していないんですけどね。「中国が〝不況〟になったらどうなるんだろう?」は、とても考えたくありません。でも、日本のあり方をお手本にしていたら、そういうことにもなるでしょう。だから、そうさせないためにも、「経済発展以外の選択肢もあるんだよ」ということを、日本は、いろんなところに教えなきゃなりません。日本は、そのような「お手本」になってしかるべき国なのです。「世界経済の未来」なんてことを考えていると、私はどうしても、そういうことを考えてしまうのです――「それ以外に考えることなんてあるのかなァ」と。

というわけなので、経済のことを考えるのは、これでおしまいにしてしまいます。

第四章　どう生きてったらいいんだろう？

1　なんにも出来ない構造

世界経済を動かしている投資家について

今や「欲望は世界に動かされている」です。「人の欲望は、世界経済の指示によって動いている」で、この前提をそのまま引き受けると「人の欲望は世界経済を動かすこともある」になるかもしれません。となると、「我々の欲望は世界を変えうる！」というスローガンだって生まれるかもしれませんが、しかし、それは無理でしょう。どうしてかと言うと、世界経済というものが、譲歩をしないものだからです。つまり、動かされることを拒むのです。

今や、世界経済を動かしているのは、投資家です。投資家は、利潤によって動きます。「利潤を得られる」と思えば動くし、「利潤を得られない」と思えば動かない。「利潤にとってマイナスになる」と思えば、「撤退」という動き方をします。「人の欲望が世界経済を動かすこともある」というのは、「投資家がそれによって利潤を得られる限り」という条件付きのことで、「そんな動きについて行っても利潤なんか得られない」と投資家が判断すれば、そこで動きは止まります。つまり、「人の欲望は世界なんか動かさない」です。「人の欲望が世界を動かした」なんてことが言える時は、「それで世界が壊れた」という結果が出た時くらいのものでしょう。そして、もしもその時に投資家が健在だったら、相変わらず「利潤を求めて動く」ということをしているでしょう。

世界で一番古い職業

「世界で一番古い職業は売春婦だ」という話がありますが、投資家だって相当古い存在です。奈良時代の律令国家の段階で、既にそういうものがあります。日本の律令国家は、「土地をすべて国有にして、国民に耕作地を均等に分ける」ということをしました。富を生む土地の分配が均等に行われているわけで、「ほとんど社会主義」です。しかし、土地の広さが「各人均等」と言っても、その収穫量が同じというわけではありません。土地の給付は「個人単位」ですから、その「個人」が多い大家族は、広い耕作地を得ます。当時の農業レベルは低く、天候に左右されやすい上に、収穫量だって多くはありません。土壌の質だって違いますし、普通の人間以上の土地を「給与」として官からもらっている人もいます。「不作」は簡単に起こって、少ない収穫の米を食べてしまうと、「翌年の耕作に使う種籾《たねもみ》がなくなる」という事態も生まれます。だから、「米を貸す」ということが起こるのです。翌年の収穫時には、利子分の米と一緒に、借りた分の米を返すのです。「出挙《すいこ》」と言われていましたが、つまりは「投資」です。

この利子は、結構高かったみたいですが、盛んに行われていました。「余分な米」がある人間は、この「出挙」をします。国有地を管理したり、「税」である米を徴収する地方の官僚も、官の米を流用して私的な「出挙」をやりました。貨幣経済や商品経済の段階以前でも、必要とあれば、ちゃんと「投資家」は存在するのです。もしかしたら、売春婦なんかより、投資家の方がずっと古くからいるのかもしれません。だから、仮に「世界が壊れた」ということになっても、投資家と売春婦はちゃんと存在しているでしょう。

国家は昔から「国家」だな……

投資家が利潤を求めるのは当たり前のことで、別に違法行為ではありません。投資家は利潤によって動く者で、善悪によって動く者ではありません。「投資によって利潤を得た人が、その資金によって善をなす」ということだってもちろんありますが、それは義務なんかではないので、「別に善をなさない」という人だっていくらでもいます。善悪とは関係なく、投資家は利潤によって動き、この動きを止めることが出来るのは、「法的規制」というものだけです。だから、奈良時代にだって、ちゃんと「出挙の禁止令」は出ました。しかしまァそれは、「私的な出挙を禁止して、利潤の出る出挙は官がやる」というもので、「違法な出挙はやめましょう。国民はみんな、正規の出挙をやりましょう。利子の安い、官の出挙はお得です」になります。結局これは、「みんなやれ＝もっと税を払え」の増税政策になるのですが。

「経世済民」ではない「ＥＣＯＮＯＭＹ」の方の経済だって、昔の国家はちゃんとやっていたのです。

あなただって「投資家」かもしれない

それはともかくとして、「法的規制があっても無視して動く」というのは、悪人のすることです。しかし、投資家は悪人ではないので、「法的規制を無視してまで動く」ということはしません。それをするのは、「投資家の中の悪人」です。つまり、投資家そのものは、「普通の人」なのです。それが出来る立場なら、誰だって普通に「投資」をするのです。だから、「投資」という行為は大昔からあって、投資家というものの始末の悪さも、ここにあるのです。つまり、「投資家は特別の人ではない」というところです。

「巨大な金を動かす」と考えると、投資家という者は「巨大なもの」になってしまうかもしれませんが、しかし、その実像は意外と小さいものかもしれません。というのは、「余分なお金を持っている人」は、みんな「投資家」になれるからです。

人は、貯金とか預金というものをします。これに利子がつくのは、「貯金や預金をするあんたはえらい。だからごほうびをあげよう」というのではありません。預ける先に、「投資」をしているのです。「投資」だから、利子がつくのです。つまり、あなただって「投資家の一人」なのです。ただ、あまりにも投資額が低く、効率が悪いので、「投資家専業」にはなれていないというだけの話です。

(「もう経済の話はやめた」と言って相変わらず「経済の話」をしていますが、その内に違うところに行きます)

投資をするつもりはなくても、投資に参加はさせられている

もちろん、今や銀行預金の利子は低くて、「預金をする」が「投資」に結びつくとはとても考えられません。でも、だからと言って、人は自分の銀行口座の残高を0になんかしません。それをするのは「収入がない」という人達だけで、普通に収入のある人は、「銀行に預金をしている」という状態を当たり前にキープしています。もちろんそれは意図的なものではなくて、「給与の銀行振込」のように、「お金が自分の銀行口座へ振り込まれる」ということがあるからです。「銀行に投資する=預金する」というつもりなんかなくても、お金が銀行口座を経由して遣り取りされることが当たり前になってしまっている以上、普通に生活する人は「銀行に投資する」という状態を普通に続けていることになるのです。

給与は銀行の口座に振り込まれ、そのことによって、給与分の金は銀行に投資されたことに

なります。もちろん、これがさっさと引き出されてしまえば、この「投資」は取り消されたことになりますから、銀行側は「そうはさせじ」で、ある期間まで引き出せない「定期預金」というようなものを奨め、そっちの方の利子を若干割高にします。でも、金には「買い物その他」の使い道があるわけですから、「銀行口座へ入れっ放し」にしておくわけにはいきません。だからどうなるのか？　ここで、クレジットカードが登場します。カードで買い物をすれば、その金は決済の期日が来るまで、銀行口座から動かないのです。つまり、クレジットカードには、「銀行口座に預金がある人を自動的に投資家にする」という機能だってあるのです。

分かったようでよく分からない話

でも、そんなことになんの意味があるんでしょう？　カード会社の存在によって、「預金者の預金を一定期間動かさない」ということを実現させると、銀行はこれを「自行の投資に使える資金額」としてカウント出来ます。でも、「そんなことになんの意味があるんだ？」というのは、このことが「銀行の預金に対する利子は低い」と関係しているからです。

銀行預金の利子が低いのは、「バブルがはじけたから」ではありません。その前から低くなっていました。「ウチらに投資したって、ウチらにはもう投資先がないんだから、利子の配分だってありませんよ」と、銀行が言っていたようなもんです。それで、「低金利時代の到来」

と言われていて、「将来は、手数料を払って、銀行にお金を預かってもらうことになるかもしれない」なんてことも言われました。豊かになって金の借り手が減ったから、他に金を貸して——つまり投資をして利益を上げていた銀行は、商売のしようがなくなっていたのです。だから、「大量に金を借りてくれる相手」に金をバンバン貸し、借りた相手は「買う土地を担保にする」という形で金を借りまくり、土地をバンバン買いまくったのです。これが「バブル経済」の典型です。

「余った金」による無駄な「土地価格吊り上げ競争」はしばらく続いて、しかもこの競争にはゴールがありません。やがて出場者達は息切れがして来て、一人が息切れをして倒れると、無駄なエネルギーを使っていた他のメンバーも連鎖的に倒れます。それが、「バブルがはじけた」です。「無駄な競争」を設定して、そのことによって「投資先を創出する」をやっていたのがだめになったのですから、「バブルがはじけた」の後では、「元に戻る」になります。つまり、「金が貸せるまともな相手はやっぱりいない」です。それでは困るので、「誰か金を借りてくれませんか！」ということをアピールするために、金利はどんどん下がります。金利が低いというのは、「金の借り手＝投資先が少ない」ということで、それが今でも続いているということは、相変わらず「投資先は少ない」なのです。

だったら、「銀行はそんなに金を持ってたってしょうがないじゃないか」ということになります。でも、銀行で「資金量が少ない」ということは、「あの銀行の経営は心配だ」ということになるのです。だから、「預金量」は確保されなければならないのですが、そうやって「資金量」を確保したって、やっぱり「金の借り手が少ない」という状態は続いているから、結局、銀行の預金金利は低いのです。分かったようで分からない話とは、このことです。

経済は「ただ流れていること」だから――

経済というのは「循環するもの」で、つまりは「流れそのもの」です。「ちゃんと流れている」になれば、「経済は機能している」ということになり、その経過を記す帳簿は、「流れそのもの」になります。経済において、帳簿というのは、そのように重要なものなのです。

「流れている」という状態が帳簿に記載され、「帳簿に記載されていること」は、「流れている」という事態そのものを表します。だから、実際に金なんかなくても、帳簿上「ある」ということになっていれば、その金は「ある」のです。「いずれなくなる」であっても、「現在ある」と帳簿に記載されていれば、その金は「ある」のです。今はなくても、何日か先の期日に「入って来る」が明確になっていれば、その金は「ある」で、そのことがウソにならないように、「決済」という期日があるのです。

経済というものは「流れている」が普通の形で、その状態が止まってしまえば破綻です。しかも、「流れている」がちゃんとしているかどうかは、外から見ただけじゃ分かりません。そのことを確かめるために、「流れている」の状態を止めることも出来ません。なにしろ、「止まったら終わり」というのが経済なのです。「それはある、しかし、実際の状態を見ることは出来ない」というのが、経済なのです。だから、帳簿を見るのです。帳簿を見て、「流れている」が適正であるかどうかの判断をするために、「決算」というものが定期的に行われるのです。「決算」とは、医師による定期診断みたいなものです。

「血糖値が高いだの、コレステロールがどうした」だのということを、その決算報告を見たエコノミスト達は判断します。そういう「ちゃんと流れていて、この先もまだちゃんと流れるのか」のチェックがあって、「流れ」のところどころに、「決済」という金の移動はあるのです。他の時には、「あることになっている」ですみますが、決済の時には、「ちゃんとある」でなければなりません。「〝金はある、ちゃんとある、あるはずだ〟と思っていて、でも支払いの期日にそれがないと大変なことになる」ということです。

でも、「決済」というのは「流れの中のある一点」みたいなものですから、「実際その時に金がなく、その後においてもやっぱり金はない」という状態であっても、決済の期日にどこかからその金を調達して来て、「ある」ということにしてしまえば、「あるべきものがあるんだから、そこにはなんの問題もない」ということになります。つまり、「借金の支払いのたんびに〝よそから借金をする〟を繰り返していても、その支払い期日に支払いが行われてしまえば、なんの問題もない」ということです。

決済のたんびにそういう危なっかしい綱渡りみたいなことをしていて、それがバレてしまえば、「そんなことをしなくちゃいけないんだから、あんたの体調はよくないんですよ、もう少し体質改善を心掛けなさい」なんてことを、チェック能力のある人から言われるのです。でも、そう言われたって、「うるせーなー、そんなことやってる余裕はねーんだよ。これでも生きてられるんだから、余計なお世話だ！」と撥ねつけることだって出来ます。それでそのまんま倒れてしまう人はいくらだっていますが、不思議と倒れずに生き続けて、「へんだなー、あんたの体質にはなんの問題もない」になってしまう人だっているのです。経済というのは、そんなものなのです。

どうしてそうなのかと言えば、経済というものが「ただ流れていること」にあって、「流れた先の未来になってみなければ分からない」という構造になっているからです。これは、「流れた先の未来になってみなければ、結果は分からない」ではありません。経済というものは、「結果が出た」というところで止まらないからです。それは「一時的な決算結果」で、経済というものは「ただ流れること」なのですから、その結果が出た後でも、まだまだ続いて行くのです。だから、「流れている＝継続している」を信じるしかないのです。

経済とは、実体があるんだかないんだかよく分からないものである

経済というのは、人体と同じようなものです。そこに流れる「金」は「血液」と同じようなもので、人が生きていれば、そこに血液は流れているのです。「血液がどれだけあるのか分からないから、血液を全部抜き取って計ってみましょう」なんてことをされたら、その人は死んでしまいます。「ほんとに血液が流れているかどうか確かめたいので、ちょっと切ってみましょう」なんてことを、まともな医者は言いません。「ちょっと献血してください」と言われても、それだけで貧血を起こしてしまう人だっていますし、献血量が多くなりすぎたらやっぱり「危険な事態」は起こります。

経済だって同じです。「お金がある」というのは、「血液が流れている」と同じ状態なので、「そこに金があるんだろうから金を出せ」と言われたって、それが「出来ること」かどうかは分からないのです。だから、「流れているのは確かなんだから」ということにして、「それ=金はある」という前提に立って、「お金のありよう」を帳簿に記載するのです。そして、時々は「ありようの検査」をして、「ああ流れているな、この先も流れるだろう」と信じるのです。それ以外に、経済の確認のしようなんかないのです。経済は、とってもヴァーチャルなのです。だからこそ経済は、簡単に「データ化」が出来るのです。

現在の「投資」というのは、このデータ化された「流れ」のプロセスを調べて、「ここにあるはずの金をあっちにやって、あっちにあるはずの金をこっちに持って来て、ああやってこうやって、それをまた更にどうとかすれば、〝利益〟となるものは生まれるはず」と考えることなのです。だから、「物資の生産・流通・交換・分配とその消費・蓄積の全過程、およびその中で営まれる社会的諸関係の総体」であるようなとんでもないものが、「扱おう」と思う人には、扱えるのです。もちろん、それが「どう扱われているのか」ということになると、分かりにくいことではありますが――外部からは分かりにくいし、もしかしたら、扱っている当人にだって、分かっているのかどうか……。

だからなんなのか？　「どっかで誰かがなにかをやってるんだろうけど、そんなものの〝全過程〟とか〝諸関係の総体〟なんて言われても分かんねーよ」ということになるのです。

それで我々は「欲望が世界に動かされている」を野放しにする

そういう「ああやって、こうやって」の経済は存在していて、我々はいつの間にか、そこに参加させられているのです。投資家になろうとなるまいと、そういうものとかなり密接な関係を持たされているのです――持たされていることだけは確かで、しかし「どう持たされているのか」ということになると、よく分かりませんが。

投資家として積極的に参加している人は、経済の「ああやって、こうやって」が、よく分かっているのかもしれません。でも、そうじゃなくて、実はよく分からないのに、「経済とはきっとこういうもんなのだ」と信じて、投資を「確かな人」に任せているだけなのかもしれません。どっちでも同じです。現在では、そういう「投資に積極的に参加する人」は、特別な人達ではありません。だから、「もっと積極的に投資に参加するべきなんじゃないか?」と思っている人は、きっと大勢いるのです。どうしてかというと、「先行きに不安がある」と感じている人が大勢いるからです。

銀行の利子は安いし、年金だってあてにはならない。だから、「資産運用ということを考えなくちゃいけないのかな……」と思う人達はいくらでもいます。ということは、「投資に回せるだけの資産」を持っている人が大勢いて、「潜在的な投資家」がいくらでもいるということなのです。

では、「潜在的な投資家がいくらでもいる」というのは、どういうことなのか? 「みんな豊かになってしまった」あるいは「豊かな人が大勢になった」ということなのです。それはどういうことなのか? 話は結局、「バブル経済の到来前」に戻るのです。「もう投資先はない」が、相変わらず繰り返されるのです。だから、銀行の利子は相変わらず低いのです。

経済というのは「循環すること」ですが、それは、「話がグルグル回って同じところに何度も戻る」ということではありません。だから、投資が活発になるように、「ああやって、こうやって」ではない、「物を作って売って利潤を上げる」の方の経済を盛んにしなければならないのです。それをしないと、グルグル回りの話は断ち切れないのです。

「〃物を作って売って利潤を上げる企業〃がたくさん生まれれば、投資は活発になる」なのです。だからそのために、「起業家養成」ということも行われるのですが、そうなって話は、やっぱり元に戻るのです。そういうことが可能になるためには、「欲望が世界経済によって動かされる」が必要になるからです。

つまり我々は、やっぱり「世界経済の指示によって欲望が動かされている」という状態をキープせざるをえないのです。私は「そうすべきだ」と言っているのではなくて、「そうなっている」と言っているだけなのです。

なんにも出来ない構造

実は、「我々はなんらかの形で投資に参加させられている」というよりも、我々は「世界経済の指示によって欲望が動かされている」という形で、より大きく世界経済にかかわっているのです。なにしろ、「投資家」である人の数より「消費者」である人の数の方が多くて、「投資家」だけで「消費者」にならずにすんでいる人の数は極端に少ないはずだからです。

あなたは「消費者」として世界経済に参加をしていて、「欲望」は「必要」からはずれています。「いるのかいらないのか分からないが、自分はそれを〝ほしい〟と思う」というのが、今の世界の「欲望」です。あなたは本当に、「必要」ですべてを選んでいますか？

「欲望は世界経済によって動かされている――そうあってしかるべし」と思っているから、販売促進を願う企業は、「消費者のニーズを先取りしろ」と言うのです。あなたが会社員だとして、あなたの上司が「消費者のニーズを先取りしろ」と言った時、あなたは「間違っている」と言えますか？　言わないでしょう？　消費者の「欲望」は、企業の方が先取りをする――これをしなければ、もう企業が生き残れないし、「自分達のニーズに合わないものを作られたって困る」と、「消費者」の立場に立って思うでしょう？　そのような形で、あなたは「世界経済」に参加してしまっているのです。「組み込まれている」というか、「その存在を先取りされ、カウントされている」というか。

だから、「これはいやだ、なんとかしたい」と思っても、なんともならないのです。なぜならば、「なんとかしたい」と思うその意志＝欲望の主体は、「あなた」ではなくて、「世界経済」にあるからです。「なんとかしたい」と思うあなたの欲望も、世界経済は「きちんと先取りしなければならない」と考えているのです。そうでなければ、世界経済は破綻してしまうのです。

消費者が「もっと安くなきゃ買わない」と考えれば、「そう考えているはずだ」と先取りされて、人件費の安い国に生産拠点を移します。そのことによって経済が盛んになり、活気が生まれてしまった「人件費の安い国」は、「新たな消費マーケット」と位置付けられます。「消費のマーケット」であり、「企業投資が盛んに行われる国」になって、投資マネーがどんどん入り込みます。では、その国の消費者の「欲望」はどうなっているのでしょう？　消費者の欲望は、その人達の「必要」に基づいているのか？　そういう形で、消費者は「欲望の主体」になれているのか？　もちろん、そんな悠長なことを考えていたら、経済は発展しません。だから当然、経済は「消費者の欲望＝ニーズ」を先取りしてしまうのです。

欲望は歴然とあるのだけれど、その主体がどこにあるのかは分からない。だから、「こんなんじゃやだな」と思っても、そこからなかなか抜け出せない。抜け出すことは、「経済の外へ出る」ということで、それはつまり「脱落」とか「転落」と言われるものなのです。なんだか分からないし、そんなこわいことは出来ない――つまりはそれが、現代の「なんにも出来ない構造」なのです。

2　どう生きてったらいいんだろう？

「なんにも出来ない構造」はあるにして——

「なにかがへんだ」は分かっている。「どうへんだ」も分からなくはない。しかし、それを分かっても、どうなるわけでもない。これが「なんにも出来ない構造」です。しかし、「なにかがおかしい」は、はっきりしているのです。「なにかがおかしい」と思う頭があって、この頭がまともな思考能力を持つ頭であるならば、「どうにもならない」で終わってしまうのは、実のところおかしいのです。「どうにもならない」は、思考のゴールにはならないはずのもので、そのゴールが「なんにも出来ない現状」に辿り着くものであったとしても、そのことと「どうにもならない」は、ぴったりと一致するわけではないのです。

論理が逆転した現実

この本には、一つの特徴があります。それは、「論理の逆転」です。私のやっていることは一貫して「論理の逆転」で、「普通はそんな風には考えない」のオンパレードです。では、この本で私がやっていることは、「普通はそんな風には考えないことを逆転させて、へんなことばかり言っている」なんでしょうか？　「そうかもしれません」などというつまらない謙遜をしても仕方がないので、「そうではありません」とはっきり言います。私のやっている「論理の逆転」は、実は、「現実の方が既に論理を逆転させているので、それをもう一度逆転させて、元へ戻す」という種類の「論理の逆転」です。だから、とんでもなく長ったらしくて、ややこしいのです。我ながら「体力があるな」とは思いますが、論理が逆転してしまっていて、その結果「なんかへんだ」になってしまっているのなら、「論理が逆転した」の前にまで現実を戻せばいいのです。簡単な話です。

　たとえば、「とうの昔に〝投資先はない〟ということが明らかになってしまっているにもかかわらず、その後もそのまんまの状態を続けている」というのが、「論理を逆転させたまま存在し続けている現実」の一例です。つまりは、「もう矛盾している」なのです。「論理が逆転してしまった」というところをスタートラインにするということは、「矛盾をスタートラインにする」ということなのですから、その先でゴチャゴチャといろんなことをやっても無駄です。無駄なことをやっていて、それを「無駄ではない」と言えるのは、「既に論理が逆転してしまっている現実」ならではのことで、無意味はやっぱり無意味なのです。ところがしかし、それを「無意味」と言ってもどうにもならないところもあります。それは、「そこで論理は逆転してしまった」というスタートラインが、今となっては「もうずいぶん以前のこと」になっているからです。「バブルがはじけた」は「昭和が終わった頃」で、「平成」になってからの年月は、そのまま「論理が逆転してしまったその後」です。「論理が逆転した」は、もうずっと前のことなのです。

論理が逆転してしまった「その後」でも、現実はやっぱりまだ続いている

「とうの昔に〝投資先はない〟ということが明らかになってしまっているにもかかわらず、その後もそのまんまの状態を続けている」と言って、「そんなの無駄だよ」と言っても、既にその「無意味な現実」は始まっていて、なおもそのまま続いているのです。だから、「その始めの前提が間違っている」と言われても、簡単には受け入れられません。「へー、昔はそうだったの？　でも、それは昔の話でしょ？」です。なにしろそれは、「この現実が始まる前のこと」なのです。「この現実が始まる前の話をここに持ち出されたって困る」です。「論理が逆転している！」と言って、それをひっくり返して元に戻すことが出来るのは、論理が逆転してしまった「その直後」だけなのです。「その直後」から時間がたてばたつほど、「元に戻す」は難しくなります。肝腎の「元」がどこにあるのかが、見えなくなってしまうからです。そんな昔の「元」よりも、「その後」である現在の方がずっと重要なのです——たとえそれが「矛盾しているもの」であっても。

「経済はもう満杯になった」というところまで来てしまったら、そこから出て来る方向性は、「もう経済の発展を考えても仕方がない」です。ところが現実は、「もう満杯になってしまっているけれど、でもまだ経済を発展させなければならない」という前提に立って、そちらの方向性を強引に推し進めたのです。そうしたのは、「そうしないと困る」という当時の現実があったからですが、現在は、そういう逆転が起こってしまった「ずっと後」なのです。

「経済はもう満杯になっているのに、現実にまだ経済の発展を考えている」は、「論理が逆転している」という状態で、つまりは「矛盾」です。これを元に戻すと、「経済はもう満杯になっているのだから、経済の発展は考えられない。考えるのなら、別の方向性で考えるしかない」になるのですが、現実は、「その発展を相変わらず継続させて行く」の状態にあるのです。

私は、「無理をしてその状態を実現させている」と思うのですが、「無理をして実現させている」ならなおのこと、その間違いは認めにくくなります。「無理してやってるこっちの苦労を無視して、勝手なことを言いやがって」という拒絶の言葉を考えれば十分でしょう。

「ちゃんと現在進行形になっている現実を、どうして放棄しなきゃなんないんだ?」という声もあるでしょう。下手をすれば、「私の生きて来た時間そのものが無駄な間違いなんですか?」なんてことにもなってしまいます。おまけに、「元に戻っていいことがあるのか」と言われれば、別に「いいこと」はありません。「放置しておいた矛盾」に突き当たるだけです。「どうにもならないから放置して、放置されたまま矛盾になってしまったものともう一度対面して、それを直視してどうなるんだ？」と言われてしまえば、やっぱり、どうにもならないです。ただ、「放置しておくべきではないものをそのまま放置しておくことは、無責任だ」とは言えますが。

話はなぜ簡単にならないのか

私の話はとてもめんどうです。「論理が逆転してしまっていて、その結果〝なんかへんだ〟になってしまっているのなら、〝論理が逆転した〟の前にまで現実を戻せばいいのです」と言って、それを「簡単な話です」と言っておきながら、ちっとも簡単ではありません。なぜ簡単でないのかと言えば、私の話が二段階になっているからです。

まず、「現実は論理を逆転させている」ということがあって、その後に「論理が逆転してしまった後の〝その後の時間〟というものがある」です。その二段階があって、「論理が逆転する前にまで戻せばいい」になるのですが、ここでややこしくなるのは、そこにもう一つ別の問題が隠れているからです。それは、「〝元に戻す〟はいいけども、その〝元〟はそんなにいいもんだったのか？」という疑問です。

第一章の終わりで、私は「昔のことは、所詮〝昔のこと〟でしかない」と言っています。その通りです。「〝昔のこと〟は所詮〝昔のこと〟で、歴史というのは、そう簡単にワンパターンの繰り返しなんかしやしない」なのです。だから事態は、「元に戻せばいい」だけではすまないのです――そのように、話はややこしいのです。

ちょっと、「過去のあり方」を整理して考えてみましょう。

まず「論理が逆転していない段階」があります。これをⅰとすると、次のⅱは「論理が逆転してしまった段階」です。ⅰの「論理が逆転していない段階」から見れば、ⅱの「論理が逆転してしまった段階」は「その後」です。「論理が逆転してしまった段階＝その後」にすると、「今」は「ⅱ＝論理が逆転してしまった段階＝その後＝今」になります。だから、「どうにもならない」のジタバタになります。このジタバタを脱するための考え方は、一つしかありません。つまり、「その後」を独立させて、ⅲという新しい段階を作ればいいのです。

ⅰの「論理が逆転していない段階」があり、ⅱの「論理が逆転してしまった段階」があって、ⅲが「その後」なのです。こう考えると、我々はまだⅲの「その後」の段階にはいないのだということがよく分かります。そして、なすべきことが「ⅱから脱してⅲを目指す」なのだということも、よく分かります。こういうことになると、分かる人には分かると思いますが、これは、弁証法なのです。「ⅰ→ⅱ→ⅲ」は、「正→反→合」の進み方と重なっているのです。

弁証法だぜ人生は

「正」はⅰの「論理が逆転していない段階」、「反」はⅱの「論理が逆転してしまった段階」、だから、ⅲの「その後」は「ⅰとⅱを統合した段階＝合」ということになります。これが、弁証法です。

「論理が逆転していない段階」とは、つまり、「〝これでいいじゃないか〟ですんでいる段階」です。まず、「これでいいじゃないか」のⅰがあって、そこに「え？　あんまりよくないよー」という異論が生まれます。「あんまりよくないよー」が生まれて、この声が強くなると、「ⅰなんかだめだ」になります。つまりⅱの「反」で、これは当然「論理が逆転してしまった段階」です。「正→反」の移行です。

しかし、冷静に考えてみると分かりますが、これは「極端な変化」で「極端な転換」です。なんでそんな極端なことが起こるのでしょう？　それは、「あんまりよくないよー」というおとなしい異論の声が上がっても、「これでいいじゃないか」と思っている人達が聞き入れてくれないからです。

なぜ聞き入れてくれないのかと言えば、その人達が「これでいいじゃないか」と思っているからです。「これでいいんだから、そんなめんどくさいことを言うなよ」です。そして、「これでいいじゃないか」と思っている人達は、「これでいい」と思っているので、「なぜ〝あんまりよくないよー〟などという声が上がるのか?」なんてことを考えないのです。だから、「あんまりよくないよー」の声は静まらなくて、徐々に強くなって行くのです。「オヤジ社会と若者の関係」あるいは「男社会と女の関係」と同じです。

「あんまりよくないよー」の声が強くなって、しかし、オヤジ社会が「これでいいじゃないか」のまんまだと、「あんまりよくないよー」と思う女や若者達にとって、その「これでいいじゃないか社会」は、「どうにもならない現状」になってしまいます。そこに、「なんでこっちの言うことを聞いてもらえないんだ?」という疑問が生まれれば、この疑問の答は一つです。「聞くに価しない」として処理されて、「これでいいじゃないか」のオヤジ達から無視されているからです。だから、「〝これでいいじゃないか〟にしているオヤジ達はよくない、間違っている」になります。これがそのまま育って強くなってしまえば、「正↓反」の変化になるのは分かりきった話です。それで、「極端な変化」は起こるのです。別に弁証法は難しくなんかなくて、「弁証法だぜ人生は」みたいなもんです。

だから、「元に戻す」は単純ではない

「正↓反」への「極端な変化」には問題が一つあります。それは「極端な変化をしてしまうと、なぜ〝極端な変化〟なんかしなけりゃいけなかったのか？」を考えなくなるという欠陥です。

結果として一八〇度ひっくり返るような極端な変化をしておきながら、そうなった理由は、存外シンプルです。そこに「あんまりよくないよー」の声が上がっても、「これでいいじゃないか社会」のオヤジ達が、その声を拾ってくれなかったという、ただそれだけのことです。それだけの理由ですべてをひっくり返してしまったのだから、後悔も残ります——「あのまんまにしといてもよかったんじゃないの？」と。でも、「正」をひっくり返して「反」にしてしまった人達は、そんなことを冷静に考えられません。「こっちは正当な理由があって〝正〟をひっくり返したんだ。今更〝正〟でもよかったなんてことは、口が裂けても言えねー」です。つまりはこれが、この二十一世紀世界の現状ではなかろうか、と。

単純に「元に戻す」だけだったらどうなるのでしょう？　それは、「〝あんまりよくないよー〟の声が上がっても、〝これでいいじゃないか〟の一言で弾圧されてしまう、発展のない過去への逆戻り」になってしまうのです。だから、「元に戻す」には、「複雑な戻し方」が必要なのです。もう一遍「めんどくさい話」に戻りましょう。

「昔はよかった」ではなくて

既に現実は、「論理が逆転している」というところをスタートラインにしてしまっています。

そこをスタートラインにして、現実はもう長いこと続いています。それを遠い過去の「元」に戻したって——戻せたとしても、当面、いいことはありません。でも、「もうゴールに行き着いた。この先には〝矛盾の上を行く〟というコースしかない」は、過去のある時点ではっきりしているのです。「矛盾の上にある今の現実をなんとかしたい」と思うのなら、「ここから先は矛盾」という標示の出ている一歩手前に戻るしかないのです。

そして、その「元に戻す」という行為は、単純なことではありません。その「元」であるような過去は、一度は否定されてしまったものなのです。「そこで論理が逆転してしまった」は結果論で、その時にはそうなるしかないない理由もあったのです。

たとえば、バブルの時期のスーパーマーケット業界は、既に満杯のキャパシティを超えていました。超えてしまったことは問題で、「もう一線を超えている」が分かっているにもかかわらず、店舗の拡大と業績の拡大ばかりを考え続けていたこの業界は愚かですが、だからと言って、「スーパーマーケットそのものが悪だ」ということにはなりません。「たいして特徴のない一般的なものばかり並べて、日本人の感性を均一化してしまった」という罪もありますが、スーパーマーケットが登場しなかったら、昭和三十年代から続々と登場して来る新興住宅地の住民達は、生活が不便で仕方がなかったのです。その時代にあった「商店街」という日本経済は、自分達と住宅街の住民達のあり方に満足して、「これでいいじゃないか」と、「新興住宅地の住民のためのスーパーマーケット」というものを、歯牙にもかけなかったのです。それは、「ウチは本場だから日本製なんかいらないよ」と言って日本車の輸入を拒む、日米経済戦争前のアメリカのあり方と同じです。

いるものはいるのです。「いるものはいる」で登場したものが、それ以前の過去をズタズタにしたにしろ、「いるものはいる」なのです。それが、歴史を「正↓反↓合」の展開として捉える弁証法史観の言う、「史的必然性」なのです。ご大層なものは、結構身近にころがっているものです。

いるものはいる――このことを拾い上げなければ、「元に戻る」も「元に戻す」も、単なる「昔はよかった」のジジー趣味で終わって、どんな結果も生まないのです。

それは「こういう戻り方」である

「逆転した論理をもう一度逆転させて元に戻す」というのは、「どこで論理は逆転したか？」という、巻き戻しの起点を探る行為です。巻き戻してそこへ戻るということは、実は、「その更に以前のあり方を探って、〝矛盾〟という結果に至らない有効な可能性を拾い直す」ということです。

とんでもなくめんどくさい考え方のように見えますが、「必要なものは必要である」と考えたら、そのような戻り方しかないのです。そしてこれは、「未来を探るためには過去を点検しなければならない」ということでもあって、別に珍しい考え方ではないのです。問題があるのだとしたら、こういう考え方があることに対して、「へー、知らなかった」とか「そんなめんどくさいことするの？」と言ったりする愚かしさがある――そのことが問題なのです。つまり、「どう生きてったらいいんだろう？」は、「どう考えて生きてったらいいんだろう？」でしかないということです。

だからこそ私は、第一章の終わりでこう言ったのです――。

二十一世紀の乱世は、十五世紀に始まって十七世紀の初めに終息した戦国時代なんかとは違う「知の乱世」なのです。「なるほど、知の乱世なのか。今までこんな風に日本の過去を振り返ってみたことはないからな」くらいのことは、お分かりいただけたと思いますが、「昔のこと」は所詮「昔のこと」で、歴史というのは、そう簡単にワンパターンの繰り返しなんかしやしないのです。

重要なのは、「今までこんな風に過去を振り返ったことはなかったたな」というような振り返り方の発見なのです。

3　たとえば「我慢」について

答はもう出ているのかもしれない

たとえば、第三章の私は、こんなことも言っています――。

「安売り屋」は「安売り屋」で、スーパーマーケットが日本に根を下ろすためには、インフレの物価高を必要としましたが、それもまたたいした追い風にはなりませんでした。なぜかと言えば、昭和三十年代に「商店街」という日本経済を成り立たせていた日本人は、「我慢」という現状に抗する力を、まだ持ち合わせていたからです。

別にスーパーマーケットの話は関係なくて、重要なのは、「〝我慢〟という現状に抗する力を、まだ持ち合わせていた」というところです。我ながら「うまいこと言うなァ」と思います。もちろん、私のオリジナルですが、これが重要だと言うのは、こうした質の「我慢」がありさえすれば、「いるのかいらないのか分からないが、自分はそれを〝ほしい〟と思う」というくだらない「欲望」の侵蝕を食い止めることが出来るということです。

「いるのかいらないのか分からないが、自分はそれを〝ほしい〟と思う」というのは、「欲望」なんかではなくて、実は「誘惑に弱い」ということです。「我慢」というのは、この「誘惑に弱い」に対する、最大の特効薬なのです。だから、「なぜ我慢はこの世から消えて、SMプレイの場にしかなくなってしまったのか？」と考えるのは、重要なことなのです。

では、なぜ我慢というものは、この世から消えてしまったのか？　我田引水を承知で言えば、「我慢とは、現状に抗する力である」という考え方が、我慢が当たり前に存在していた時代には存在しなかったからです。

「我慢」とは、現状に抗する力である

「我慢とは、貧しさから出ているものである」と考えてしまえば、「我慢が不必要になるのが、豊かないい時代である」ということにもなりましょう。そして、誘惑に弱い、「いるのかいらないのか分からないが、自分はそれを〝ほしい〟と思う」を公然とする愚か者を野放しにする、アホらしい未来を作ってしまうのです。だから、「我慢とは、現状に抗する力である」という考え方が必要で、このことを明確にさせなかったから、「我慢を当たり前にする昭和三十年代」は、消え去ってしかるべき「負け組」になってしまったのです。

「我慢とは、現状に抗する力である」の主体は、「我慢をする我」であり「我々」です。「我々」が主体であって、「現状」が主体ではありません。「現状が攻めて来ても、我々は主体的にこれに抗することが出来る」という考え方が、「〝我慢〟という現状に抗する力」という表現にはあるのです。これがとっても新しい考え方だというのは、多くの人が「我慢」というものをパッシヴなものだと考えているからです。つまり、主体は「現状」の方で、「我々」はそれに圧されて我慢を強いられているです。そりゃそうかもしれないが、そんな考え方だけしていたら、「我々」はいつでも「現状に追随する者」になってしまう——その結果が、現在の「なんかへんだな」なのです。

昭和三十年代の現実は、「現状に圧されて我慢をする」であったかもしれないけれど、そこには、「〝我慢とは、現状に抗する我々の力である〟という考え方もありだ」という可能性だってあったということです。私はクセモノなので、「〝我慢〟という現状に抗する力を、まだ持ち合わせていた」などというちょっとひねった表現を、さりげなく昭和の三十年代に落っことしておくのですが、「まだ矛盾のなかったそこへ戻って、そこの〝更に以前のあり方〟を探り、矛盾という結果の待つ未来へ至らないための有効な可能性を拾い直す」というのは、実は、そんなことだったりもするのです。

「いるものはいる」です。でも、なにが「いるもの」なのかはよく分からない。分からないから、振り返っても「いるもの」が見つけられないし、「振り返る」がどういうことなのかも分からなくなってしまうのです。

「我慢」はどうしてなくなったか？

重要なことなので、「我慢はどうして消滅したか」を、ここで考えておきます。

私は「昭和三十年代の子供」なので、「我慢しなさい」は当たり前のように言われました。しかも残念なことに、私は「聞き分けのいい子供」だったので、我慢は平気でしました。でも、その初めに「我慢しなさい」の声がなかったら、「我慢する」が身に備わっていたかどうかは分かりません。問題は、子供の私の身に「我慢する」という行動能力が備わってしまっていたことです。だから、こういう複雑な事態も生まれます——つまり、「こっちが我慢するつもりでいるのに、それを理解しない大人が、一方的に〝我慢しなさい！〟と叫ぶ」という事態です。「しようと思えば出来る我慢」なんですから、こっちは「つまんないけど、我慢しようかな」と思っています。そこに一方的な「我慢しなさい！」の声が飛んで来て、おもしろいわけはありません。まるで、自分が「無能」みたいです。

昭和の三十年代に、「我慢する」はいたって当たり前なことなので、「我慢しなさい」「我慢しろ」は、親とか家族とは関係ないところからでも、いたって当たり前に飛んで来ます。もちろん、「我慢したくなくて、我慢出来ないこと」だって当たり前にありますが、こっちのあり方を無視した決めつけの「我慢しろ！」だって、当たり前にあるのです。

「我慢が好き」という人は、あまりいません。大方の人は、「我慢が嫌い」か、「我慢が出来る」かのどっちかです。「出来ないから嫌い」の人もいれば、「出来るけど嫌い」の人もいます。「出来るけど我慢は嫌い」の人は、おそらく、「いわれのない我慢の強要」をされた人です。こういう人は、「我慢」に対して複雑な感情を抱きます。きっと、かつての日本人の多くはそうだったろうと、私は思います。つまり、「我慢は平気だが、〝我慢をしろ〟と言われた時、〝これは適正な我慢なのか、そうではない我慢なのか〟を考えるのはめんどくさい」という、複雑な抱え方です。

なんでそう考えてしまうのかと言うと、「我慢」というものがあまりにも当たり前に存在していたから、「我慢とは、いかなる形で存在すべきものなのか」なんてことを、誰も考えなくて、「我慢に関するモノサシ」がなかったからです。めんどくさい言い方をすれば、「我慢とは、自分と外部の間でどのような位相を持って存在するものか？」です。これがはっきりしていれば、我慢をする能力のある人は、我慢のたんびたんびに、「この人から言われる〝我慢しろ〟は、果たして適切な我慢なのかどうか？」などというめんどくさいことを考えなくてもすみます。「我慢は現状に抗する力である」は、そういう「我慢の位相に関するモノサシ」なのです。

我慢とは、複雑な内的行為である

一方的に「我慢しろ」と決めつけられる、いやな現実があります。相手の言う通りの我慢なんかしたくありません。でも、それとは別に「我慢が出来てしまう自分」もいます。だったら、我慢をすべきなのか？　すべきではないのか？　「我慢をするしかない」と受け入れて、その自分のする我慢は、いかなる「我慢」なのか？　もちろんその「我慢」は、「〝いやな相手に我慢を強要される〟という現状に抗するための我慢」なのです。そういう複雑な我慢があるのは、我慢が「人間の内から出る行為」だからです。

だから、「我慢は現状に抗する力である」というモノサシがあれば、「ああ、自分がするのは、〝強要されるしたくない我慢〟ではなくて、〝この不愉快な現状に抗する我慢〟なんだな」ということが分かります。それがないと、たんびたんびに、「この相手に強要される我慢は、適切な我慢か、否か」というめんどくさいことを考えなければなりません。「我慢は出来るけど、我慢は嫌い」という人は、きっとそのめんどくささが嫌いなのです。

「なにめんどくさいこと言ってるんだ」と、思う人は思うでしょうが、「我慢を当たり前に存在させている社会」というのは、実は、そういうめんどくささを派生する社会なのです。

「我慢は貧乏によって生まれた」などと考えられて、確かに「我慢」は「貧乏」からも生まれてはいるのですが、「貧乏だから我慢をしなくちゃいけなかったんだけど、でもその我慢自体はそんなにいやじゃなかった」という種類の「我慢」もあるのです。「我慢」の問題は、「いやか、いやじゃないか」というファクターの方が大きくて、その「いやか、いやじゃないか」は、人間関係に起因することが多いのです。

「ややつから強要される我慢には堪えられない」――これは本当のことでしょう？

ただ「我慢が出来ない」だけの人間は愚か者である

しかし、そういう複雑な考え方は、あまり主流になりませんでした。「貧乏だから我慢をしなければならない。だから、貧乏がなくなれば我慢もなくなる。いやな我慢はなくなればいい」で、我慢という「現状に抗する力」は消滅してしまったのです。「原因が貧乏によるものかどうかは知らんが、我慢というのはめんどくさいことを考えさせるものであるから、〝我慢〟という事態が消滅するのはいいことだ」と考える（おそらくは）より多くの人達も、「我慢の消滅」に賛成して、「我慢」はこの世から消滅したのです。そして、「我慢が出来ない」というどうしようもない人類達が野放しにされたのです。

こういう考え方もまた、「逆転してしまっている論理を逆転させて元に戻す」ではありましょうけれど、「〝我慢〟てなんだったんだ？　そもそも、なんで〝我慢〟がいやだったんだ？」

と考えることは、ちっとも無駄なことではないでしょう。そのことは十分に、「この現実をなんとかする」につながることだと、私なんかは思いますが。

あとがきとおまけの一章

1　あとがき

「なにを書こうとするのか実はよく分からないんだけど」と思いながらこの本を書き始めたのは、二週間と少し前です。「なにを書こうとするのかが実はよく分からない」というのは本当ですが、この「分からない」にはいささか複雑な内実があります。なにしろ、「分からない」と言っているわりに、この私は、あまりにもさっさとこの本を書き上げてしまっているからです。この本を書くために、私は特別な調べ物をしたりしてはいません。この本を書くために必要な知識は、これ以前にやった自分の仕事の中でもう得てしまっているので、そういう苦労は必要なかったのです。だったら、私はなにに苦労をしていたのでしょう？

この本を書く私にとっての「分からない」は、「なにをどうすりゃいいかがよく分からない」です。「いろいろなことは分かっているつもりなのだけれど、どうすりゃいいのか、そのまとめ方がよく分からない」という悩み方です。だから、「この本のテーマがなんなのかはよく分からない」という迷い方をします。「うっかり書き始めて、でも、それがどっちの方向に進むのかは分からない。いろんな方向に進んで、もしかしたら収拾がつかなくなるんじゃないか」

というような迷い方をしているのです。つまるところ、「あまりにも書くべきことが多すぎて、どこをどう拾ってどう扱えば、この本が〝一冊の本〟としてまとまりうるのかが分からない」です。この本を書き始める私は、そういう状態の中にいました。
第二章の初めの方には、こんな文章が出て来ます――。

「どこかに〝勝ち組〟を利用してなにかを隠そうという意図があった」と言っているのではありません。「結果として隠されてしまう、そのことが問題だ」と言っているのです。「問題があまりにも単純化されて、その結果、複雑なディテールが隠されてしまう」は、大問題であってしかるべきでしょう。

「問題があまりにも単純化されて、その結果、複雑なディテールが隠されてしまう」というのは、大問題です。そして、「新書」というあまり厚くもない本のスタイルそのものの中に、「単純化しなければならない」という大問題が隠されていたりもするのです。
書いてみなけりゃ分からないことは、いろいろとあります。「問題があまりにも単純化されて、その結果、複雑なディテールが隠されてしまう」という一行だって、違うことを書いて行くうちに、「あ、そうだ」と思って書かれたことです。そして、そういう一行を自分で書いて、改めてこれを読んで、「そりゃそうだ」と、自分で納得なんかをするのです。その納得があって、やっと「その先へ進む」が可能になるのです。さすがに『「わからない」という方法』の著者であるこの私は、そういうことをよく分かっていて、だからこそ、「分かんないけどやってみよう」を当たり前にしてしまっているのですが、「新書一冊分のキャパシティで、その限度を超えた量の内容を書く」ということは出来ません。そのこともまた、この本を書き進むうちに気づいたことなのですが、早い話この本は、「あまりにも膨大すぎる内容を扱うための序章」にしかすぎないような本なのです。それで私は、「自分の頭の中のなにを拾ってどう扱えばまとまるんだ……?」というような悩み方をしていたわけですが。

それを分かって、でもだからと言ってこの私には、この本を「序章」とするような膨大な長さの本を書こうという気なんかありません。「そんな膨大な仕事は、みんなで手分けしてすりゃいいことで、自分一人でやる理由はない」と思っています。そういう当たり前の結論に達したので、この本はやっと終わってしまえるのです。それだけの話です。

「なにをどう書きゃいいんだ?」と思っている限り、書き始めることは出来ません。でもその答は、書き始めない限り見つからないものでもあります。私はそういうことが分かっているので、「分かんないけどやってみよう」で、とにかく書き始めてしまいます。「この部分だけは分かる。〝その先〟は、〝分かりうる部分〟がはっきりしてからでないと分からない」と思っているので、「とにかく、先は分かんないけどやってみよう」です。そして、そういうことをしていて、「乱世」という言葉に出合います。

出合って、「あ、そうか」と思います。『乱世を生きる』というタイトルは、そうやって見つかりました。私の場合、タイトルというものは、「この本のテーマはここら辺だな」という見極めみたいなものですが、戦国時代の武将の話でもないのに、『乱世を生きる』はとてもいいと思いました。「自分も乱世に生きているし、読者も乱世に生きている」がはっきりしてしまうからです。「共有」はこの本のテーマの一つですが、『乱世を生きる』というタイトルは、「乱世を生きる＝〝乱世〟でしかないかもしれない今という時代を共有する」を、いつの間にか明確な前提にしてくれるからです。

「共有」ということが重要だというのは、第三章の2の終わりの方にあるこんな文章が語っています――。

バブル以後の一九九〇年代には、「どうしたらいいか分からない」という状態が広がっていた――だからこそ「勝ち組」という例外的なものが登場して、そこにみんながぶら下がらざるをえなくなった。だからなんなのか？　「ついに経済は、〝どうあるべきか？〟を我々が考えなければいけない段階に来た」です。

だからと言って、楽になったわけではありません。それは「嬉しいこと」である前に、「とんでもなくしんどいこと」で、「〝どうしたらいいか分からない〟をみんなで分け合うこと」です。それが、指導者や支配者に「経世済民」をやらせていた時代の終わりなのです。「なんでも自分でやってくれるいい独裁者がいたらなー」と考えたくなってしまうのは、ある意味で当然かもしれません。でも、もう独裁者が登場出来るような時代ではないのです。

「著者」という存在は、うっかりすると、読者をぶら下がらせてしまうような存在です。そのあり方は「独裁者」かもしれないし、「読者という負け組」に対する「勝ち組」かもしれません。でも、そういうあり方は、もう古いのです——私はそう思うので、「『乱世を生きる』がいいや」と思ったのです。

だから私は、「この本は膨大な長さの本の〝序章〟でしかないようなもの」と思い、「自分一人でそんな膨大な長さの本を書く気はない。みんなで手分けしてするべきだ」と言うのです。そういう風にしないと、「読者をぶら下がらせてしまう」というよからぬ事態を作り出すことにもなりかねないと思うからです。

実際、「問題があまりにも単純化されて、その結果、複雑なディテールが隠されてしまう」というのは、大問題です。でもしかし、「複雑なディテールを消去してしまうような単純化」

という作業がないと、「問題解決の方法」が見えて来なかったりもします。両刃の剣みたいなもので、ここには「いいこと」と「悪いこと」の二つがごっちゃになっています。このごっちゃからは、「複雑なディテールを単純化してしまえば、手っ取り早い解決法は生まれるはず」という短絡も生まれます。この短絡が二十世紀末をどれほどややこしくしたのかという話はもうしてしまったので、繰り返しません。つまるところ、「単純化されすぎて、複雑なディテールが消去されたも同然」になっている——そのことが最大の問題だと思えるような現在状況を打開するためには、「今までこんな風に過去を振り返ったことはなかったな」というような振り返り方が必要なんじゃないか、ということです。

実際問題として、この本は、続けようと思えば、どこまでも続きます——いろんなことに対して、この私が、「あ、こういう振り返り方もあったんだな」という見方を発見し続ける限りは。続くけど、でも続きません。だからこそこの本は、「どうもそういうことらしいな」という〝方法〟に気がつくための〝序章〟だったりするわけです。

というわけで、「こういう振り返り方もあったんだな」ということをもう一つくっつけます。それで、この私のやることは終わりです。後はよろしくです——。

2　たとえば「世襲制度」について

六十年間平和だった日本の不思議

一九四五年に第二次世界大戦が終わってから、日本は六十年間平和でした。おそらく、六十年以上平和であり続けるのでしょう。その間、世の中のあり方は基本的に変わりませんでした。もちろん、この日本の社会は「激変」というような変わり方だって一方ではしているはずなのですが、「どこでどう変わったのか」ということになると、実に曖昧です。「ある時、劇的に変わった」というような指標は、どこにもありません。「平和だった」というのはそういうことです。

「ある時期ある期間を経過して、気がついたらすごく大きく変わっていた」というのが、日本の社会の変わり方でしょう。だから、「ほんとにそんなに変わったのか？」ということになると、よく分かりません。もしかしたら、それは「大きく変わった」ではなくて、「破綻に向けて動いて行って、破綻に近づいてしまった」なのかもしれません。そう考えると、「基本的に変わっていない」と「激変に近い変わり方をした」という、矛盾した二つの同居も説明出来ます。つまり、「基本的なところではなに一つ変われず、そのために破綻へと近づいて行った」です。もしかしたら、これが日本社会の「戦後六十年」かもしれません。

「平和である」ということは、「変わる必要がない」ということです。そして、日本は「六十年間平和だった」のです。それはつまり、「六十年間平和だった日本の社会は、基本的に変わる必要を持たなかった」です。だから、「その必要がないのになぜ変わって行ったか？」という問題もありますが、そちらは今は置いておいて、私には「日本社会における謎」が一つあります。それは、「変革の必要がなくて平和だった日本の社会からは、どうして世襲制度が消えて行ったのか？」です。

社会が安定していて変わる必要がなかったら、「お前はこのように生きて行けばいい」と親が指導をして、子供は親の職業を継ぐことになります。それでいいのだから、社会では世襲制が一般的になるはずです。ところが、日本の社会ではそうなりませんでした。だから「不思議だな」と、私は人が考えもしないような不思議がり方をしているのです。もしかしたら、この「平和であって変化がないにもかかわらず、世襲制度が消えて行った」というのが、「変わる気がないのに激変して、破綻に近づいてしまった」という、衰弱の構造の根本にあるものなのかもしれません。

なぜ世襲制はなくなったのか？

子が親の職業を継ぐという「世襲」の風潮がなくなったのは、なぜでしょう？　おそらく、積極的な理由はないはずです。第二次世界大戦が終わって、「個人の自由」が言われた結果、「親は子供に自分の職業を強制してはならない」ということになったのでしょうが、別にそんなお触れが出されたとも思えませんから、「個人の自由」がそのように解釈された結果、世襲というものが成り立ちにくくなったのでしょう。

「世襲制度」とは言いますが、この「制度」は俗な言い方で、日本には「子は親の職業を継承しなければならない」などという法的規定はありませんでした。そんな規定をするまでもなく、「それは当たり前のこと」と考えていました。であればこその、「世襲制度」という俗称ではありましょう。

世襲の場合、親の職業を継ぐのは男子が一般です。ということは、「職業を持つ親」は男親に限定されます。「女子にも就業の機会を」ということになると、世襲制はネックになります。ネックどころか、男女差別です。家の中では「男女の役割分担」が明確になって、「女は家事専従」ということにもなりましょう。それで、「世襲によって、子は親の生き方を強制される――だからいけない」ということにもなりましょうが、それは「世襲制度はいけない」という考え方を軸足にした見方です。

世襲制度は存外簡単になくなってしまって、それが生きているのは、伝統的職業と政治家だけです。政治家だけは、どうやら積極的に世襲が求められていて、他は「後継者不足」です。そういう「後の世のあり方」からすると、「〝世襲しなければならない〟という考え方は、そんなにも強くなかった」と考えることだって出来るのです——そういう見方だってあるのです。つまり、「人は〝世襲制度〟と考えていたが、その拘束力はそんなにも大きくなかった」です。そう考えてしまうと、「職業の世襲がはやらなくなった理由」は、もっと別のところに発見出来ます。つまり、「親の職業を継がなくても、子の就労先はいくらでもあった」です。

「世襲」と教育制度

世襲というと、どうしても「家督相続」と話がごっちゃになって、「長男（＝嫡男）だけが家の財産を継ぐ」という話の別側面のようにも思われてしまいますが、世襲には「子の教育」という大きな側面がありました。

「農家の子は農業のプロフェッショナルであらねばならない」という前提で、農業従事の親は子を育てます。つまり「農業者としての教育をする」です。別に、そういう教育があったのは、農家に限ったわけではありません。「家業」という形で「その家の職業」が存在していた時代には、どの職種の家だって、みんなそうです。そういう教育があって、「職業の世襲」は可能になっていたのです。

もちろん、そういう教育が長男（＝嫡男）だけに行われるのかと言ったら、そんなことはありません。男子が二人、三人、四人といたら、その男子は全員、「家業を継承するための教育」を親から受けます。女子だって、「どこかの家の嫁」になるのが当然の未来像としてあるのだから、そのために「嫁になるための教育」を母親から受けます。つまり、「家」というのが教育の場で、「家」を教育の場とするような必要が、「職業の世襲」という慣習の中にはあったということです。だから、「家での職業教育」は、農家だけに限ったことではありません。昔は、「職業全般」においてそのようなことになっていました。でも、話を「職業全般」にしてしまうと焦点がぼけるので、ここでは「農家」に話を限定してしまいます。

世襲における教育の平等

農家の娘の未来は、「農家の嫁」です。「農家の嫁」になるためには、農作業が出来なければなりません。だから、「農家の娘」は、男子と同じように、「農業者となるための教育」を受けます。ここでは男女が平等です。もちろん、男兄弟にだって、「長男（嫡男）だけが特権的に親から教育を受ける」などということはありません。男子間でも教育は平等で、男女の間でさえも平等です。
「親の職業を継ぐ、継がせる」が前提であれば、その職業者になるための訓練＝教育は必須です。だから、それは親が担当します。財産が長男（嫡男）へ独占的に相続される家督制度の中にあっても、この「教育の平等」は変わりません。農家の親で「子供の将来」をちゃんと考える人なら、「土地は長男に継がせるしかないから、どこかで次男以下のための耕作用地を考えてやらなければならない」という考え方をします。余裕があれば土地の一部を割いて、次男以下のために「分家」というものを立ててやるか、あるいは、「どこかに養子の口はないか」と考えて探します。そのあてがなかったら、まだ幼い子供の適性を見て、それにふさわしい「奉公口」や「弟子入り先」を探します。

「百姓の子供に学問はいらない」の複雑な背景

もちろん、これは「理想的なあり方」で、そうそう話がうまく行くわけもありません。たとえばの話、昔は「百姓の子供に学問はいらない！」なんていう言い方もありました。つまり、「子供が農業者になることが決まっている以上、上級学校への進学は必要ない」ということです。これを言うのは、もちろん親です。勉強が出来る子供に学校の先生が進学を奨めると、親はそういう風に拒絶します。これももちろん、農家だけに限ったことではなくて、「〇〇の子供に学問はいらない！」――更には「女に学問はいらない！」は、かつて当たり前にあったことです。でもしかし、これはよく考えてみればおかしなことです。

たとえば、農業者としての教育を受け、耕作地を含む家の財産すべてを独占的に相続する立場の長男にならば、「上級学校への進学は不要」ということになるかもしれません。でも、次男以下の子の場合には、「だからこそ上級学校への進学は必要だ」になるのです。

原則として、次男以下には耕作地が与えられないのです。だったら、「農業者になるための教育」を受けたとしても、農業者になれるかどうかは分からないのです。そこに「進学」という選択肢があって、「この子には上級学校へ行くべき適性がある」というジャッジが教師の方から下ったら、「じゃ、そういたします」になるのが本当でしょう。そうして、「お前は進学して、自分で自分の進路を開け。お父さんはお前になにもやれないから、代わりに学問だけはやる」ということになるはずです。でも、そうはなりません。だから、「百姓の子に学問はいらん！」と、進学の道を拒絶された「悲しい過去」を抱えていた人は、いくらでもいたのです――まだ生きています。

こういう「悲しい過去」系の人の親は、ただ単に「次男のために進学費用を出す」ということがいやだったのです。それが出来にくい経済状態だったから、「百姓の子に学問はいらん！」と、その先のことを無視するような発言をしたのです。もちろん、同じ「子の進路」であっても、「進学」と「弟子入り」は違います。どこかに弟子入りをしたら、そこでの生活費は「向こう持ち」ですが、「進学」なら親本人の負担です。「お前の将来を考えてやりたいが、でも家では無理だ」が、「百姓の子に学問はいらん！」になるのですが、しかし、これもまた、そうとばかりは言えません。

「進学する」は、親の負担です。そして、労働する側から見れば、「学生」というのは「なにをしているのかよく分からないもの」で、少なくとも、「働いているもの」ではないのです。だから、仮に親が次男以下の子供に、「お前は将来農業をやることが出来ないのだから」という理由で進学を許したら、「農業者としての将来」を約束されている長男は、おもしろくないでしょう。弟は、「親に許してもらって、遊んでいる」になってしまうからです。長男＝嫡男で、「将来の家長」であることが約束されているような特権的な時代だったら、なおのことです。「弟のくせに遊んでやがる！」です。そうして浮かび上がって来るのは、「実はあんまり家の跡継ぎにはなりたくない」という、嫡男の中に潜む「自由への願望」です。

だからなんなのか？

そのような形での、「世襲制度はいやだな」という子供の側からの思いもあったのだということです。

ここでやっと、本来の「だからなんなのか？」の出番です。

世襲制度を崩したへんてこりんな理由

第二次世界大戦が終わって、敗戦国日本は、戦勝国アメリカの占領下にありました。「それまでの日本は封建的な軍国主義体制だった」と戦勝国アメリカは判断して、日本に民主化が訪れます。「個人の自由」が法的に保障されるのは、ここからです。そして、世襲制度が本格的に崩れ始めるのも、ここからです。崩れる理由は、先に言ったように、「〝親は子供に自分の職業を強制してはならない〟というのが、個人の自由なのだ」と考えられたからでしょう。しかし、そのことによって、世襲制度が崩れたかどうかは分かりません。

世襲制度が崩れる第一の理由は、「親の職業が経済的にペイしなくなる」です。「こんな職業をお前に継がせるわけに行かんしなァ、この職業ももうおしまいだなァ……」と肝腎の親に言われたら、「世襲」もへったくれもありません。

では、世襲制度が崩れる第二の理由はなんでしょう？　それは、第一の理由とも重なるものですが、とてもへんてこりんなものです。つまり、「世襲自体があまり必要とはされていなかった」です――このことも前に言いました。

「職業の世襲」は、「制度」ではないのです。身分制度の江戸時代で、支配階級である「武士」ならともかく――親の職業＝家の職業が「特権的なあり方」をするようなものならともかく、

「親の職業を継がなければならない」に関する積極的な理由はありません。だからこそ、今の時代には政治家しか積極的な世襲を求められないのです。特権的ではなく、それが「家業」というような「一家的なあり方」をするものならともかく、「どこかに就職する」が親の職業のあり方の大勢を占めるようになったら、なおさらでしょう。

「家業」で、医者や町工場のように「設備投資」を必要とするものだったら、それを受け継ぐ後継者は必要でしょう。「家族が生きて行くための〝家〟という装置を成り立たせるために、身内から経営者を出さなければならない」です。江戸時代なら、こういう時には「養子」というものを取って「一家の経営」を成り立たせましたが、そうなって来ると、これは「職業の世襲」であるよりも、「家という生活基盤の維持」です。つまり、「家という家族が存続するための生活基盤の維持」の方が重要で、「親の職業の世襲」というのは、そんなに重要ではないということです。「息子は私の職業を継いでくれなかった。そのことが寂しいと言えば寂しいが、息子は私達を養ってくれている。だから文句はない」という「親の心境」を想定してしまえば、このことは理解されるはずです。

だから、なんなのか？ 「世襲というのは制度ではなく、親の思惑である」ということです。だからこそ、「個人の自由」の到来と共に、自滅への道を辿ってしまったのです。

それは「制度」ではなく、「親の思惑」である

職業の世襲が、「その職業によって生きて行くための教育を必須とする」であれば、世襲は立派に「制度」であることの意味を持ちます。だから親は、子供をどこかへ「奉公に出す」とか「弟子入りをさせる」ということをして、自分では実践出来ない「息子の新しい職業に必要な教育」を探し出すのです。「奉公先」や「師匠の家」もまた、世襲が前提になっているのですから、ここでも「そこで生きること＝そこで働くこと＝そこで教育を受けること」が成り立っているのです。つまり、「奉公に出す」とか「弟子入りをさせる」というのは、学校教育に頼れない時代の社会が有していた「教育ネットワーク」の存在を前提としていたということです。

その連繋する「教育ネットワーク」がなかったら、「奉公に出す」とか「弟子入りをさせる」は、「それに名を借りた人身売買」になりかねません。職業の世襲が当たり前であった時代は、労働基準法なんてものがない時代なのです。

親から子への職業の世襲は、教育の縦のつながりです。「奉公に出す」や「弟子入りをさせる」は、その教育が横につながっているという、社会のあり方を示すものです。そういうシステムがあったればこそ、「世襲制度を前提にしたちゃんとした教育」もあり、「いい加減な教

育」もあったのです。「百姓の子供に学問はいらない！」は、もちろん「いい加減な教育」の一例ですが。

「百姓の子供で、長男ではないからこそ学問は必要だ」ということを、「百姓の子供に学問はいらない！」と言う親は、無視しています。だから、「農家の子供達は幼い時から〝農業者であるための教育〟を受ける」というのだって、ウソかホントか分からないのです。そのように理解して、そのように実践する「ちゃんとした親」もいれば、「そういうもんだから、グダグダ言わずに手伝え」で、ただ単に子供を「労働力代わり」に使っているだけの親だって、いくらでもいたのです。もちろん、世襲制度の中で、「教育をする」と「労働力代わりに使う」は、イコールのことではありますけれど、この差がきちんと識別出来ているのが「ちゃんとした親」で、識別出来ていないのが「いい加減な親」です。子供を労働力代わりに使って、「これは教育なのだ」ですませてしまえば、そういう子供の中にいる「耕作地を与えられる未来を持たないが、上級学校に進学しうる適性を持つ子供」に対して、「土地の代わりに学校教育を与えてやろう」などという発想は生まれません。そういう親が、「百姓の子供に学問はいらない！」などと、矛盾したことを言うのです（ああ、こういうことを言っていると、自分がいつの時代に生きているのか分からなくなって来る……）。

「一家を相続する長男」というのは、そういう「いい加減な親の家」にもいるのです。だったらその彼が、「あーあ……、あんまりこの家の跡継ぎになんかなりたくないな」と思ったって、一向に不思議はないでしょう。
職業の世襲は、「職業教育」であり「職業の確保」でもあると同時に、「親の思惑の下で行われるもの」でもあります。だから、その親のあり方いかんでは、世襲制度は平気で揺らいでしまいます。日本で世襲制度が崩壊してしまった最大の理由は、この「親子のコミュニケイション不足」なのではないかと、私は勝手に疑っています。

だからこそ世襲されて行った「ある考え方」

ということになると、「かつての日本の父子は仲が悪かった」というようなことにもなりかねませんが、そんなことはないでしょう。「ひどい父」もいれば「いい父」もいて、「いい父」であったとしてもコミュニケイション不足が生まれてしまうのは、人の世の常として仕方のないことです。そして、私はやっぱり、日本の父子は根本のところで「意思の疎通」をはかっていたのではないかと思うのです。もしかしたら「皮肉」も入ってしまうかもしれないので、早めに「ごめんなさい」と言っておきますが、「意思の疎通はあっただろう」というのは、その日本の父子の間で、「ある考え方」が順調に世襲されて行ったからです。
その「ある考え方」とはなんでしょう？　世襲制度が崩れて行く中で、日本の父子は、「お父さんの職業を継承しなくてもいいんだよ」という考え方だけは世襲して行ったのです。そう考えると、日本社会の不思議なあり方――「基本的なところではなに一つ変われず、そのために破綻へと近づいて行った」というのが理解されるのです。置きっ放しにしておいた、「六十年間平和だった日本の社会は、基本的に変わる必要を持たなかった――それなのになぜ、日本の社会は〝激変〟というような変わり方をしたのか？」という疑問の出番です。

「だったら」で引き出される、とんでもない結論

父親は「一家の長」です。別に、今の話ではありません。それが当たり前だった時代の話です。父親は「一家の長」で、「家」というものは、家族をたばねて存在する社会の基本単位です。「なぜ〝家〟が社会の基本単位なんだ？」と言われても困ります。それは、ずーっとそうだったのです。だからこそ、「職業の世襲＝職業の確保と職業教育」だって、その「家」の中で行われたのです――であればこそ、その「家」を基本単位として広がる、「教育のネットワーク」だってあったのです。

だったらどうなるのか？「一家の長はしっかりしていなければならない」です。では、この「一家の長」の「しっかり」は、どういう質のものでしょう？ それはまず、「職業者として一人前のプロフェッショナルである」です。「家の中をしっかり統率する」なんかではあり

ません。それは、「家内」と呼ばれる妻の管轄です。「家」は、「社会の基本単位」で、その「家」が教育ネットワークの一角を保持するような形で存在している以上、「一家の長」は、「他者の教育を担当しうる職業的なプロフェッショナル」でなければならないのです。「ちゃんと稼いで一家を支える」というのも、やっぱり二の次です。「稼げるか、稼げないか」なんてことは、「外の情勢」ともからんでいることで、「夫に稼ぎがなくなったら、妻がなんとかするように頑張る」も、「家内を治める妻の役割」です。

あーあ、なんだか痛快です。もちろん、「痛快」と思えるのは、「他者の教育を担当しうる職業的なプロフェッショナル」であるような人だけですけど(うっかりすると皮肉が出てしまうたちなので、申し訳ありません)。「一家の長」というものは、そういうものです。そこにじんわりと襲いかかる「危機」とは、なんでしょう? それは、「お前の職業は、お前の自由で選べばいいさ」という、理解ある父の囁きです。

プロフェッショナルであるためには、「厳しい訓練」が必要です。職業世襲の社会では、それを「父」が担当しました。その「父」が、「厳しい訓練」を放棄して、「職業選択の自由」を息子に囁くのです。これこそが「プロフェッショナリティの危機」ではないでしょうか?

「社会の基本単位」であるものの中枢にある基本原則が、「お前の自由で選べばいいさ」で弱体化してしまうのです。社会に基本単位としてあった「家」は、こうして着実にその力を弱められて行ったのです。「基本的なところでは変わる必要を持たず、それでも変わって行ってしまった。その変わり方は〝破綻〟へと向かうようなものだった」という日本社会の不思議は、そのようにしか理解されないのだと、私は思うのです。

まさかこんなとんでもない話をするために「江戸時代」や「戦前」を引き出したとは思われないでしょうが、もちろん、そのために引き出したのです。私の言いたいことが、「世襲制度のあった大昔にまで戻れ」でないことは、言うまでもありません。


それで、お父さん達は「会社人間」になった

日本の男の中には、そうなってもまだ「一家の長であらねばならない」という責任感は残っていました。だから、「職業者として一人前のプロフェッショナルであらねばならない」という価値観が、第一等のものとして残っていたのです。しかし、その誇りと責任感は、もう「家の中」では達成出来ないのです。なにしろ、家の中には「職業」がないのです。それで、そういう「社会の基本単位を作る者としての責任感」を持つ男達は、「職業者としての一人前のプロフェッショナリティ」を実現させてくれる「会社」というところと、一体感を持つしかなくなったのです——これが、私の考える、「日本社会を衰弱へと導く基盤」です。

なにしろ、「社会の基本単位であろうとする義務感」が、家の中から「家の外」へとすっぽり持ち出されてしまったのです。そこで育つ子供達、あるいはそこに取り残された女達が、「社会人としての基本原則」を理解出来なくなっても不思議はないでしょう。

「お父さん達」を責められない

日本の社会がおかしくなったことの責任を、すべて「会社人間であるお父さん」に押しつけても仕方がありません。だって「お父さん」達は、まさか自分がそういう仕組みで「会社人間」になっていたなんてことを、知らないからです。責めることは出来ません。でも、その代わりに私は、「私は別にいい加減なことを言っているのではない」ということだけをはっきりさせます。それは、「会社人間のお父さん達がやっていた経済活動のあり方」です。「勝ち組」になるには、フロンティアを発見しなければなりません。経済が満杯になってしまったら、それをするしかありません。そして「フロンティア」は、「満杯になってしまった世界の外」にあります。だから、「フロンティアの質」を探れば、「満杯になってしまった経済の質」も探れるのです。

オヤジ経済とフロンティア

一九八〇年代になると、日本経済もそろそろ「満杯」に近づいて来ます。輸出は順調で、アメリカとの「貿易摩擦」なるものも起こって、「少し日本は譲歩しなさい」ということになって、円高になります。一九八〇年代の初めは円高不況で、やがては「官」が「内需の拡大」とか「個人消費の増大」を主導するようになりますが、既に十分な成熟を遂げている日本経済は、もう「官の主導」なんかを待っていません。さっさと「新しいフロンティア」を国内に探しています。そのフロンティアの名前は「女」です。内需と個人消費を増大させてくれる「欲望」というフロンティアは、「女」という名前も持っていました。日本の男にとって、「女＝欲望」は、なんの不思議もない常識的構図ではありますけれど。

　日本経済は、「女」をフロンティアにします。ということは、「それまでの日本の経済は女を視野の外に置いて成り立っていた」ということです。「女性の社会参加」が言われた時代ではありますが、あるいはこれは、「投資家として世界経済に参加する人の数より、消費者として参加する人の数の方が多い」というようなことに近いのかもしれません。

　それはともかくとして、「女をその視野の外に置いていた」という点において、「日本経済とは、男経済で、オヤジ経済である」ということになりましょう。だから、「オヤジ」の外にいるものは、みんな「フロンティア」になってしまいます。

　数が揃えば、「オタク」もフロンティアで、立派なマーケットです。もちろん、「若者」がフロンティアとして存在するのは、言うまでもありません。「女」と「若者」を掛け合わせた

「娘」も、フロンティアです。

更に、「オヤジになってしまった自分の現在」以前にあった、「まだオヤジになる前の自分の過去」もフロンティアです。つまり、「レトロ」とか「ノスタルジイ」と言われるものですが。

日本経済は、こういうフロンティア達の「欲望」を刺激することによって、苦しい現在の成り立ち方をしているわけですが、では、「新たなるフロンティア」であったはずの「己れの欲望」の方はどうなったのでしょう？

オヤジは「欲望」と無縁である

少子高齢化は今に始まったことではなく、日本の人口構成は「団塊の世代」と言われる人間達の数をピークとするへんてこりんなものです。その団塊の世代が今や「中高年より更に上の年齢」になろうとしていて、どう考えたって、「若者の数」よりこっちの方が多いのです。そっちの方が、よっぽど「巨大」で「重要なマーケット」であるはずなのに、どうして「オヤジ」というフロンティアは開けないのでしょうか？　どうして、オヤジ達は、「自分の欲望」をフロンティア＝マーケットとして設定しないのでしょう？　オヤジ達が「欲望」として発見するフロンティアは、「オヤジになった現在」ではなく、「オヤジになる前の過去」にしかないのです。

その答ははっきりしているでしょう。今の日本のオヤジ達は、「欲望」で生きるよりも、「必要」で生きる人種なのです。だから、そんなフロンティアを開発する必要を感じていないのです。オヤジ達にとって、それは「フロンティア」なんかではないのです。そして、オヤジ達が開かないから、まだ誰も、「オヤジの欲望」あるいは「男の欲望」を、フロンティアとして開いてなんかいないのです。ということは、オヤジ達が「欲望の必要」を理解していなくて、「オヤジの欲望なんか見たくない」と、その他の人間達は言っているということでもありますが、しかし、私の言うべきことはそんなことではありません。「オヤジ達の欲望が、経済を展開させるフロンティアになっていない」ということは、「経済がオヤジ達だけによって運営されて来た」ということの証明なのです。だから、「オヤジ」以外は、誰も経済の中に主体的に参加することが出来ないのです。経済に参加するためには、女も若者も「オヤジ」になる必要があるのです。

「それはどういうことか」なんていう説明は、もうしません。ここで重要なのは、オヤジ達が「オヤジ達単体」で、「経済」という「物資の生産・流通・交換・分配とその消費・蓄積の全過程、およびその中で営まれる社会的諸関係の総体」であるようなもの——私に言わせれば、「〝物や金が動く〟という行為と連動して、〝生きることが幸福でありたい〟という感情が回ること」を運営して来たことなのです。だから、「オヤジの欲望」は、「社会的諸関係の総体」の中に垂れ流されて、「個なるオヤジ」の中には発見しにくくなっているのです。「垂れ流し」に関して、オヤジ達は無自覚です。無自覚だから突っつきようもありませんが、これだけは事実です——つまり、「オヤジ達は、すべての責任を独りで背負って来て、その大変さを口にすることもしなかった」と。

それは、オヤジ以外の女や若者やその他が「経済」に平気で参加してしまう今になっても、です。だから、たとえ経済が歪んでしまったとしても、そのすべてをオヤジ達に任せっ放しにして来た人間なんかに、「オヤジの責任」は責められないだろうということです。それを言うのが「人間の論理」だと思うので、私はそのように言うのです。

オヤジの「欲望」なんか開かない方がいい

「欲望の必要」というのは、下手をすると、「いるのかいらないのか分からないが、自分はそれを〝ほしい〟と思う」というとんでもない状態に至ってしまうものです。「会社」という場所を足場にして「社会の基本単位であろうとする義務感」をまっとうしようとして来たオヤジ達の「欲望」なんかは、開かない方が無難でしょう。そんなことをしたら、本当に社会は治安を失って、退廃の極みで滅んでしまいましょう。

なにしろオヤジ達の欲望は外に垂れ流されていて、中にはあんまり残っていないのです。それでも、律儀なオヤジ達は、「欲望が経済発展のためには必要だ」なんてことを言われると、ない「欲望」を勝手に妄想してしまったりもするからです。そうなったら、収拾がつかなくなって、この世は終わりです。もしかしたら、そういう形で、もうこの世は終わっているのかもしれませんが。

オヤジ達を、「欲望」なんていう危険なところに近づけない方がいいでしょう。「自分達をフロンティアとして位置付けられない」というその一点において、オヤジ達は、「必要から離れた欲望は無意味だ。〝必要〟こそが社会というシステムを成り立たせる根本だ」という健全さ——つまり「社会生活を維持させる基本」を、まだ信じて、持ちこたえているのです。もちろんそれは、「自覚せずに」という条件下のことではありましょうが。

私としては、もうそろそろそういう重要なことを、オヤジ達も自覚した方がいいんじゃないかと思います。そうしないとオヤジ達は、そのまんま「社会にも価しない社会」の中で、「負け組」として位置付けられる結果になってしまうでしょう。なぜかと言えば、オヤジという種族を最後にして、「社会の基本単位であろうとする義務感」なんてものが、日本人には理解出来なくなっているからです。

後はよろしく

そして、この話は実は、「年金制度の破綻」というものとも大きくからんでいるのです。なぜかと言えば、オヤジ達が会社人間になる以前、世の中は世襲制度で、「人生リタイア後の扶養」は、「家」という単位内で自発的に行われてきたからです。

そういう「大問題」もからんでいるから、少しは「そんな振り返り方もあるのか……」という考え方だって必要になるのですが、私は年金問題にまったく関心のない人間だったりもするので、私の出番は終わりです。

後はよろしく――。

橋本　治（はしもと　おさむ）

一九四八年、東京生まれ。作家。東京大学国文科卒業。七七年、『桃尻娘』で講談社小説現代新人賞佳作受賞。主な著書に『江戸にフランス革命を！』『窯変源氏物語』『ひらがな日本美術史』『二十世紀』『双調平家物語』等多数。『宗教なんかこわくない！』で第九回新潮学芸賞、『「三島由紀夫」とはなにものだったのか』で第一回小林秀雄賞、『蝶のゆくえ』で第十八回柴田錬三郎賞を受賞している。

乱世《らんせ》を生《い》きる　市場原理《しじょうげんり》は嘘《うそ》かもしれない

集英社新書〇三一八C

二〇〇五年一一月二二日　第一刷発行
二〇〇五年一二月一四日　第二刷発行

著者……橋本《はしもと》　治《おさむ》
発行者……藤井健二
発行所……株式会社集英社
東京都千代田区一ツ橋二-五-一〇　郵便番号一〇一-八〇五〇
電話　〇三-三二三〇-六三九一（編集部）
〇三-三二三〇-六三九三（販売部）
〇三-三二三〇-六〇八〇（読者係）

装幀……原　研哉
印刷所……凸版印刷株式会社
製本所……加藤製本株式会社
定価はカバーに表示してあります。

ISBN 4-08-720318-2 C0295

Printed in Japan

a pilot of wisdom

a pilot of wisdom

集英社新書　好評既刊

脚本家・橋本忍の世界
村井淳志　0305-F
『七人の侍』『羅生門』『白い巨塔』『八甲田山』『砂の器』…日本映画史上最も偉大な脚本家の魅力に迫る。

反日と反中
横山宏章　0306-A
靖国参拝、尖閣列島、教科書問題…岐路に立つ両国間の複雑な歴史をひもとき、危機克服の道筋を考える。

行動分析学入門
杉山尚子　0307-E
「心」に原因を求めるだけでは解決しない人間の様々な行動を外的環境から読み解く、科学的心理学の解説。

ショートショートの世界
高井 信　0308-F
星新一、筒井康隆、小松左京…４００字詰め20枚以下のキラ星のような作品群。名作の魅力ここに覚醒！

働きながら「がん」を治そう
馳澤憲二　0309-I
日本でも認知され始めた「がん」の放射線治療は決して最後の手段ではない！　最新の医療現場からの報告。

フランスの外交力
山田文比古　0310-A
なぜフランスは米国に「ノン」と言えるのか。そのしたたかな外交戦略を駐フランス公使が多角的に分析。

あの人と和解する
井上孝代　0311-E
誰かと衝突した時、互いに不満を残さずにどう解決？　新たな解決地点を見出す「トランセンド法」とは!?

自宅入院ダイエット
大野 誠　0312-I
仕事を休めないサラリーマンにも最適な「宅配治療食」を利用したダイエットのノウハウをやさしく紹介。

インフルエンザ危機《クライシス》
河岡義裕　0313-I
新型インフルエンザ大流行の悪夢。鳥強毒ウイルスが変化して人間を襲う日に備え、知っておくべきこと。

ご臨終メディア
森 達也／森巣 博　0314-B
新聞・テレビが機能不全に陥る理由とは？　優等生マスコミと視聴者の善意による共犯関係を徹底分析！

既刊情報の詳細は集英社新書のホームページへ
http://shinsho.shueisha.co.jp/